Religion vernetzt
9
KÖSEL

Religion vernetzt

Unterrichtswerk für katholische Religionslehre an Gymnasien
an Gymnasien in Bayern
an Gymnasien und Integrierten Gesamtschulen in Rheinland-Pfalz
www.religionvernetzt.de

Herausgegeben von
Prof. Dr. Hans Mendl und Prof. Dr. Markus Schiefer Ferrari

Religion vernetzt 9

Erarbeitet von
Axel Herschke, Marianne Mayer, Siegfried Steiger, Alfred Vogler
Internetberatung: Sebastian Schuhbeck

MIX
Papier aus verantwortungsvollen Quellen
FSC® C013736
FSC www.fsc.org

Verlagsgruppe Random House FSC-DEU-0100
Das für dieses Buch verwendete FSC®-zertifizierte Papier
Hello Fat Matt 1,1 liefert Condat, Le Lardin Saint-Lazare, Frankreich.

Zugelassen als Lehrbuch für den katholischen Religionsunterricht
von den Diözesanbischöfen von Augsburg, Bamberg, Eichstätt, Köln (für den Bistumsanteil im Bundesland Rheinland-Pfalz), Limburg (für den Bistumsanteil im Bundesland Rheinland-Pfalz), Mainz (für den Bistumsanteil im Bundesland Rheinland-Pfalz), München und Freising, Passau, Regensburg, Speyer, Trier und Würzburg.

Rechtschreibreformiert (2006)

3. Auflage 2012

Umschlagentwurf: Kaselow Design, München
Satz: Kösel-Verlag, München
Notensatz: Christa Pfletschinger, München
Druck und Bindung: Kösel, Krugzell
Printed in Germany
ISBN 978-3-466-50706-1

www.koesel.de

Unterrichtswerk für katholische Religionslehre

Religion vernetzt

Erarbeitet von
Axel Herschke
Marianne Mayer
Siegfried Steiger
Alfred Vogler

Herausgegeben von
Prof. Dr. Hans Mendl und Prof. Dr. Markus Schiefer Ferrari

9

Kösel

Inhalt

Liebe Schülerinnen, liebe Schüler,

auch in der neunten Klasse gibt es im Religionsunterricht wieder viel Interessantes zu entdecken und zu diskutieren. Aufbau und Konzept eures Religionsbuches sind euch sicherlich aus den vorherigen Klassen schon bestens vertraut. Falls nicht, hier noch einmal die wichtigsten Informationen auf einen Blick:

Der Buchtitel »Religion vernetzt« bedeutet:

- In der Auseinandersetzung mit den Themen dieses Jahres könnt ihr euer Verständnis von Religion und Glauben, euer »religiöses Netzwerk«, weiterentwickeln.

- Dies geschieht im Gespräch und kreativen Tun gemeinsam mit anderen – im »Klassen-Netzwerk«.

- Das Buch lädt ein, über den eigenen Tellerrand hinauszublicken und auch in neuen Medien wie dem Internet Religion zu entdecken und Kontakte zu knüpfen.

Die einzelnen Kapitel sind so aufgebaut:
Das Bild auf der **TITELSEITE** lenkt euren Blick auf das Thema.
Die **KONTEXT**-Seiten beleuchten, in welch verschiedenen Zusammenhängen man das Thema sehen kann.
Die **PINNWAND** bietet viele Anregungen, wie ihr euch aktiv und selbstständig mit dem Thema beschäftigen könnt. Die Aufgabenstellungen beziehen sich auf verschiedene Seiten des Themenbereichs. Entscheidet euch gemeinsam mit eurer Religionslehrerin oder eurem Religionslehrer, welche Ideen ihr auswählen und umsetzen wollt.
Auf den **ORIENTIERUNGS**-Seiten findet ihr grundlegende Informationen zum Thema:
was die Bibel dazu sagt, wie in der Kirche in verschiedenen Zeiten darüber gedacht wurde, welche Bedeutung es für den Glauben hat, was verschiedene Menschen dazu meinen. Die Impulse und Aufgaben regen dazu an, eure eigenen Gedanken und Gefühle, Einstellungen und Überzeugungen mit dem jeweiligen Thema zu »vernetzen«.
Die **PERSPEKTIVEN**-Seiten stellen die Lebensbedeutung des Themas für Menschen verschiedener Zeiten heraus. Wir hoffen, dass auch ihr einladende Perspektiven und Aktionsfelder für euer Leben und euren Glauben entdeckt!
Die **AKZENT**-Seite bringt auf ganz unterschiedliche Weise das zentrale Anliegen des Themas auf den Punkt und motiviert zum Weiterdenken.
In den Kapiteln findet ihr bei Begriffen oder Namen immer wieder einen Asteriskus (*).
Damit werdet ihr auf das **LEXIKON** hinten im Buch verwiesen. Hier werden die Begriffe in alphabetischer Reihenfolge mit Text und Bild erklärt. Besonders wichtige Stichworte und ihre Erläuterungen sind in *Religion vernetzt 9* farbig unterlegt. Es lohnt sich, diese etwas genauer anzuschauen …

Eure Autorin, eure Autoren und eure Herausgeber

1 Aufbrechen

Ich werd es einfach mal versuchen ...

Raus aus dem Nest

Ihr habt gesehen, was ich den Ägyptern angetan habe, wie ich euch auf Adlerflügeln getragen und hierher zu mir gebracht habe.

Ex 19,4

Der Adler war nun alleine im Nest. Jedes Mal, wenn die Eltern in die Nähe des Nestes kamen, schrie er ärgerlich nach Nahrung. Doch sie kamen stets mit leeren Füßen – und das Junge wurde immer dünner. Es nagte die Knochenreste ab, die noch im Nest lagen. Es beobachtete einen Mistkäfer, pickte ihn heißhungrig auf und verschlang ihn. Seine erste eigene Beute. Tage vergingen – und während das Junge an Gewicht verlor, wurden seine Bewegungen immer schneller. Wenn der Wind nun über das Nest blies, schwebte es ab und zu für einen Moment in der Luft. Oft flogen die Eltern mit erbeuteten Tieren dicht am Nest vorbei, einmal mit einem kleinen Kaninchen, einmal mit einer Ratte ... Auch des Nachts wurde es nun nicht mehr durch die Eltern gewärmt.

Ein später Nachtfrost und der kalte Wind blies durch seine Federn und den ganzen Körper. Wenn die Sonne wieder hervorkam, wärmte es sich an ihren Strahlen auf – und wieder wiegte es seinen ganzen Körper im warmen Wind, nun leicht und muskulös.

Dicht am Nest flog ein Elternvogel vorbei – mit einem Murmeltier in den Krallen. Fast verlor das Junge sein Gleichgewicht, so gierte es nach der Beute. Die Eltern kamen zurück – als wollten sie es locken ... und plötzlich schwebte der junge Adler leicht wie der Wind durch die Lüfte, zum ersten Mal in seinem Leben. Er segelte durch das Tal, begann nach Beute zu schauen – und landete hart auf dem Boden. Als er sich aufrappelte, ließ der Elternvogel das Murmeltier neben ihm fallen. Halb stolpernd, halb fliegend stürzte er sich auf die Beute und fraß sich satt.

Francis Hamerstrom

Blick vom Gebel Musa – dem Berg Sinai

- ► Erzählt von Situationen, in denen es euch ähnlich ging wie dem jungen Adler in der Parabel.
- ► Überlegt euch weitere Metaphern zu den Verben »Fallen« und »Getragenwerden«.
- ► Prüft euer Vorwissen: Benennt Parallelen zwischen dem Bild vom Adler und seinen Jungen und der Geschichte des Volkes Israel und seines Gottes beim Auszug aus Ägypten* (Exodus*) bis ins Gelobte Land.

… wenn es auch nicht so einfach geht …

»Den Himmel, aber nicht ihre Probleme ändern die, die über die Meere eilen!«

Seneca

Ich brauch Tapetenwechsel …

»Ich brauch Tapetenwechsel«, sprach die Birke
und macht sich in der Dämmrung auf den Weg.
»Ich brauche frischen Wind um meine Krone,
ich will nicht mehr in Reih und Glied
in eurem Haine stehn,
die gleiche Wiese sehn,
die Sonne links am Morgen, abends rechts.«
Ein Bus verfehlte sie um zwanzig Zentimeter,
und auf dem Flugplatz war sie ernsthaft in Gefahr;
zwei Doggen folgten ihr um Astesbreite,
und kurz nach zwölf traf sie ein Buchenpaar.
Die eine sprach: »Sie haben hier nichts zu suchen,
so was wie sie hat nicht einmal ein Nest.«
Sie wurde gelb vor Ärger
und weil's auch schon Herbst war,
Verzweiflung kroch ihr langsam ins Geäst.
Des Försters Beil traf sie im Morgenschimmer
gleich an der Schranke, als der D-Zug kam,
und als Kommode dachte sie noch immer,
wie schön es doch im Birkenhaine war.

Hildegard Knef

**Sie hasste die gewohnte Strecke,
sprang aus dem Schienenstrang heraus
und wollte endlich einmal gradeaus
statt um die Ecke.**

**Ein Unglück gabs, und keine Reise.
Erinnert euch, bis ihr es wisst:
Wenn man als Straßenbahn geboren ist,
dann braucht man eben Gleise!**

Erich Kästner

- ► Gestaltet das Exit-Schild als Schreibcollage: Kopiert das Bild und notiert in Pfeilrichtung Begriffe, die verheißungsvolle Ziele für einen Aufbruch angeben, und auf der linken Seite Begriffe, die Ausgangssituationen charakterisieren, denen ihr entkommen möchtet. Was ist das gemeinsame Thema?
- ► Überlegt, wie ihr die Geschichte, die in dem Lied von Hildegard Knef erzählt wird, oder die kleine Episode von Erich Kästner auf eine reale Situation im Leben eines Menschen übertragen könnt.
- ► Was hat der Ausspruch des antiken Philosophen Seneca mit dem Liedtext von Hildegard Knef zu tun?
- ► Sucht nach gesellschaftlichen Situationen, in denen ein »Tapetenwechsel« oder die Bereitschaft, »warme Nester« zu verlassen, notwendig wären.

… denn Hindernisse gibt es viel …

Aufbrechen heißt vor allem aus sich herausgehen.
Die Kruste des Egoismus zerbrechen,
der uns in unser eigenes Ich einzusperren droht.

Dom Hélder Camara

Eigentlich bin ich ganz anders,
nur komme ich so selten dazu!

Ödön von Horvath

Glaube ist der Vogel, der singt,
wenn die Nacht noch dunkel ist.

Rabindranath Tagore

Freiheit

Die Verträge sind gemacht
Und es wurde viel gelacht
Und was Süßes zum Dessert
Freiheit, Freiheit

Die Kapelle rum-ta-ta
Und der Papst war auch schon da
Und mein Nachbar vorneweg
Freiheit, Freiheit, ist die einzige, die fehlt

Der Mensch ist leider nicht naiv
Der Mensch ist leider primitiv
Freiheit, Freiheit, wurde wieder abbestellt

Alle, die von Freiheit träumen
Soll'n das Feiern nicht versäumen
Sollen tanzen auch auf Gräbern
Freiheit, Freiheit, ist die einzige, die fehlt

Marius Müller-Westernhagen

Man erzählt sich …

Als man das Münster zu Freiburg baute, fragte man drei Steinmetzen nach ihrer Arbeit. Der eine saß und haute Quader zurecht für die Mauern der Wand.
»Was machst du da?«
»Ich haue Steine.«
Stand da ein anderer, mühte sich um das Rund einer kleinen Säule für das Blendwerk der Tür.
»Was machst du da?«
»Ich verdiene Geld für meine Familie.«
Bückte sich ein dritter über das Ornament einer Kreuzblume für den Fensterbogen, mit dem Meißel vorsichtig tastend.
»Was machst du da?«
»Ich baue am Dom.«

+++ Konsumrausch +++ Logomanie +++ Kampfshopping +++ Cha

- Was bedeutet für euch Freiheit?
- Welche Menschen kennt ihr, die neue Wege beschritten haben? Erstellt eine Wandzeitung mit entsprechenden Porträts.
- Welche Schwierigkeiten tauchen auf, wenn man neue Wege gehen will? Was sind die Beweggründe für das »Anders-Sein«?
- Vergleicht die Arbeitshaltung der Steinmetze mit eurer Situation in der Schule.

… wir gehen fort in Richtung Ziel

Paul Klee, 1935

ber +++ Handyismus +++ SMS-Terror +++ Superstarsuche +++

- ► Klärt die Wortneubildungen, die über die Doppelseite laufen, und findet ähnliche Begriffe. Diskutiert, welche Trends mit den Begriffen erfasst werden. Welche Trends nerven euch?
- ► Informiert euch über das Leben des Künstlers Paul Klee und ordnet das Bild (Entstehungsjahr 1935) in den zeitgeschichtlichen und biografischen Kontext ein. Sucht weitere Titel für das Bild und begründet diese.

Das Titelbild betrachten und deuten

Beschreibt die Komposition, die Symbole und die Farben des Bildes auf der Kapiteleingangsseite [7] und interpretiert diese auch in Bezug auf das Thema des Kapitels.
Salvador Dali hat diese Lithografie zu Jdt 8,16f. gefertigt. Deutet das Bild auch mithilfe der Bibelstelle.

Lieder

Sammelt Lieder zum Thema Freiheit und stellt sie euren Mitschülerinnen und Mitschülern vor.

Akrostichon

Bei einem Akrostichon wird ein Begriff von oben nach unten geschrieben und inhaltlich gefüllt, indem jeder Buchstabe des Begriffs mit einem Wort bzw. Satz weitergeführt wird, z. B.:

F liegen
R eich
E igenständig
I deale
H andeln
E ssen
I nsein
T anzen

Gestaltet selbst ein Akrostichon, in dem ihr eure Erfahrungen von Unfreiheit bzw. Befreiung oder auch die eigene Lebenssituation ausdrückt. Wortbeispiele: Exodus*, Sklaverei, Ägypten*, Wüste, Mose*.

Auf der Suche nach dem »Gelobten Land«

Nicht nur zur Zeit des Alten Testaments machten sich Menschen auf, um das Land zu suchen, in dem »Milch und Honig fließen« (Ex 3,8). Auch heute sind Millionen Menschen unterwegs, um in der Fremde ein besseres Leben zu finden.
Informiert euch im Internet (z. B. mithilfe einer Suchmaschine unter den Stichwörtern »Migration« oder »Zuwanderung«) über Zahlen, Fakten sowie über genauere Beweggründe, warum Menschen aus anderen Ländern nach Deutschland kommen.
Jährlich wandern aber auch rund 100 000 Menschen aus Deutschland aus. Unterscheiden sich deren Beweggründe von denen der Immigranten? (Informationen gibt es im Internet z. B. unter dem Stichwort »Auswanderung«.)
Wenn Ihr Gelegenheit habt, informiert euch auch vor Ort bei Behörden und Verbänden, die mit Flüchtlingen zu tun haben, über deren Arbeit und deren Probleme.

Moderne Propheten

Erstellt einen Steckbrief von Menschen, die eurer Meinung nach zu den Propheten* und Prophetinnen der heutigen Zeit zählen.

»Goldene Kälber«

Auf dem Weg, den wir uns vorgenommen haben, gibt es oft Dinge und Begebenheiten, die uns von unserem gesetzten Ziel abhalten. Auch die Bibel kennt solche Situationen und erzählt davon z. B. in der Geschichte vom Tanz um das Goldene Kalb (Ex 32,1f.). Zeichnet eine auf die Gegenwart bezogene Karikatur zu diesem sprichwörtlichen Thema.

Wer weiß noch ...

... welche Rolle der Prophet* Samuel eingenommen hat?

... welcher Prophet dem großen König David* den Spiegel vorgehalten hat?

... welches Unrecht der Prophet Elija angeprangert hat?

Ergänzt euer Wissen durch einen Klick auf www.religionvernetzt.de.

Berufen, aber nicht beachtet

Mose* und die Propheten* des Alten Testaments hatten oft die Erfahrung gemacht, dass ihnen die Menschen, zu denen sie durch Gott gesandt waren, keine Beachtung schenkten. Verfasst wie bei einer SMS kurze Botschaften mit maximal 80 Zeichen, die z. B. Mose nach der Entdeckung des goldenen Kalbes oder Amos nach seiner Ausweisung an Gott gerichtet haben könnte. Welche Klagen, Anfragen oder Forderungen werden sie wohl enthalten haben?

Wortbilder

Erstellt mit den Worten *Aufbrechen, Aufbruch, Freiheit* Bilder, die diese Begriffe veranschaulichen. Anregungen dafür findet ihr, wenn ihr euch im Deutschunterricht mit »Konkreter Poesie« auseinandersetzt.

AUFBRUCH

AUFBRECHEN

Kino, Kino

Verfasst mithilfe der Kapitelüberschriften und ausgewählter Textpassagen des Buches Exodus* (z. B. Ex 9,1-35; Ex 12,1 – 13,16; Ex 14,19-31; Ex 16, Ex 32) ein Drehbuch mit den wichtigsten Szenen. Legt Schauplätze, Personen, Regieanweisungen und vor allem Dialoge in Gruppenarbeit genau fest. Fotografiert die Szenen und kreiert mit den Bildern eine Fotoausstellung im Schulhaus.

Ich habe das Elend meines Volkes ...

Eines der wichtigsten Feste im jüdischen Jahreskreis ist *Pessach* (vgl. 40). Am Sederabend, dem feierlichen Höhepunkt des Festes, wird aus der Pessach-Haggada* die Geschichte vom Exodus gelesen.

Die Ereignisse rund um das Leben des Mose*, den Exodus*, den Bund mit Jahwe* und die Landnahme sind so wichtig für das Selbstverständnis der Juden und des Volkes Israel, dass sie in vielfältiger Form weitererzählt und überliefert worden sind. Auch im Alten Testament zeigt sich diese Vielfalt in verschiedenen, oft ineinander verzahnten und widersprüchlichen Erzählungen. Verschiedene »Gedächtnisspuren« aus fast tausend Jahren verschmolzen in den biblischen Exodusüberlieferungen miteinander, um Mose der Nachwelt als Propheten und einzigartigen Vermittler des Gotteswillens ebenso in Erinnerung zu halten, wie die Erwählung und gleichzeitige Befreiung des Volkes Israel. Besonders in Krisenzeiten wie der assyrischen Vorherrschaft (ab 722 v. Chr.) oder dem babylonischen Exil (597/586-537 v. Chr.) spendeten diese Erinnerungen Trost und mahnten, den Glauben an Jahwe nicht zu verlieren. Vermutlich erst im Laufe des 8. oder 7. Jahrhunderts v. Chr. – also fast ein halbes Jahrtausend nach den erzählten Ereignissen in Ägypten* und der Wüste – wurden die unterschiedlichen Überlieferungen miteinander kombiniert, schriftlich aufgezeichnet und in der Folgezeit weiter fortgeschrieben. Diese Überlieferungen sind der Grundstock für die Geschichten von Mose und dem Exodus, wie wir sie heute kennen.

Aufgrund des großen zeitlichen Abstandes zwischen dem beschriebenen Ereignis und den ersten schriftlichen Aufzeichnungen darüber ist eine genaue Rekonstruktion des historischen Hintergrunds unmöglich. Trotzdem gibt es einige Berührungspunkte zwischen den biblischen Texten und außerbiblischen Zeugnissen: Ägyptische Quellen belegen zwar nicht den Aufenthalt eines Volkes mit dem Namen Israel, auch keine Vernichtung eines ägyptischen Heeres im Meer, aber es finden sich in den Notizen ägyptischer Grenzbeamter aus dem 13. Jahrhundert v. Chr. zumindest Berichte über die Zwangsarbeit von Fremdvölkern und deren Flucht. Wenn es in der Bibel heißt: *»Sie mussten für den Pharao die Städte Ramses und Pitom als Vorratslager bauen«* (Ex 11,1), könnte damit das historische Piramesse gemeint sein. Diesen Ort im östlichen Nildelta hatte Ramses II. (1279-1213 v. Chr.) zu einer großen Stadt ausbauen lassen. Ob es allerdings einer Gruppe von »Hebräern« (semitisch: heimatlose Wanderer, Sklaven) unter diesem Pharao oder unter einem seiner Vorgänger oder Nachfolger gelang, aus der ägyptischen Sklaverei zu fliehen, wird sich wohl nie mit Sicherheit feststellen lassen.

Ebenso spekulativ bleibt es, wenn man versucht, die so genannten Wüstenwunder, in denen sich Gott der biblischen Überlieferung nach um Nahrung für sein Volk kümmerte, als natürliche Phänomene zu deuten. So wird beispielsweise versucht, das den Boden bedeckende »süße Himmelsbrot Manna« als das Sekret der auf der Tamariske siedelnden Schildlaus zu erklären oder die vom Himmel fallenden Wachteln als erschöpfte Zugvögel, die leicht zu fangen waren. Ob die Wüstenwunder so zu erklären sind oder nicht, ist aber letztlich nicht zu beweisen. Es geht in den Geschichten vielmehr darum, dass Gott sein Volk auch in scheinbar hoffnungslosen Situationen nicht verlässt. Wunder sind Zeichen für die Nähe Gottes. Die Exodus-Geschichten erzählen von einem Gott, der sein Volk begleitet, mit ihm leidet während der Sklaverei in Ägypten und es durch die Wüste in das gelobte Land führt.

Die tiefere Wahrheit der Geschichten vom Exodus

liegt also darin, dass in ihr die Urerfahrung des Volkes Israels und die Quelle des Gottesglaubens überliefert werden.
Die Exodus-Erfahrung ist das Herzstück der hebräischen Bibel schlechthin: Obwohl das Volk den Bund mit Jahwe immer wieder gebrochen hat, hält er ihm die Treue und löst das Versprechen, das er den Erzeltern gegeben hat, ein. Diese heilsgeschichtliche* Bedeutung des Exodusgeschehens wird damit zum zentralen Inhalt des jüdischen Glaubens und im Christentum als Verweis auf die Erlösung durch Jesus Christus verstanden.
Die große Bedeutung, die das Exodusgeschehen für das Volk Israel und das Judentum hat, zeigt sich bis heute bei einem der wichtigsten Feste im jüdischen Jahreskreis: dem *Pessach* (vgl. 40). Am Sederabend des Pessachfestes fragt das jüngste Mitglied einer jüdischen Tischgemeinschaft: »Was unterscheidet diese Nacht von allen anderen Nächten?« Dann wird die Geschichte vom Exodus erzählt, von der großen Flucht des kleinen Volkes aus der Knechtschaft in Ägypten, die an die besondere Zuwendung Gottes zu seinem Volk erinnert und sein beharrliches und barmherziges Festhalten an den Zusagen, die er diesem Volk gegeben hat.

- Rekonstruiert aus dem Gedächtnis Ablauf und Ereignisse der Exodus-Geschichte. Vergleicht diese untereinander und mit dem biblischen Text. Erinnert euch: Durch welche Einflüsse (z. B. Religionsunterricht in der Grundschule, eigene Bibellektüre, Liturgie, Medien etc.) wurden eure Vorstellungen geprägt? Welche Bilder haben sich im Laufe eures Lebens verändert?
- Auf der abgebildeten Landkarte sind verschiedene »Fluchtrouten« dargestellt. Worin besteht die Problematik bei dem Versuch, den Weg des Volkes Israels durch die Wüste rekonstruieren zu wollen?
- Diskutiert auf Grundlage des Informationstextes die These: »Die Geschichten von Mose und dem Exodus sind ja alle nur erfunden …«
- Im Judentum ist das Pessachfest dem Gedächtnis des Exodus gewidmet (vgl. 40). Welche christlichen und weltlichen Feste kennt ihr, an denen Befreiungs- und Erlösungserfahrungen in Erinnerung gerufen werden?

Ich bin herabgestiegen, ...

Goldene Haggada*, Spanien, um 1320

**Als der Herr sah, dass Mose* näher kam, um sich das anzusehen,
rief Gott ihm aus dem Dornbusch zu: Mose, Mose!
Er antwortete: Hier bin ich.
Der Herr sagte: Komm nicht näher heran! Leg deine Schuhe ab;
denn der Ort, wo du stehst, ist heiliger Boden.
Dann fuhr er fort: Ich bin der Gott deines Vaters, der Gott Abrahams,
der Gott Isaaks und der Gott Jakobs.
Da verhüllte Mose sein Gesicht; denn er fürchtete sich, Gott anzuschauen.**

Ex 3,4-6

Mose

Mose soll ein
Stammler gewesen sein

Wem feurige Zungen
ins Gewissen reden

Wie sagt er es
seinem Volke

Jedes Wort eine
Offenbarung zu

Kurz der Atem stumpf
für Träume Gesichte zu

Schwer der Stab für
die Hand ich rede

Nicht von den
steinernen Briefen

Was ist das Du sollst
Du sollst nicht

Mose er muss alles
wörtlich genommen

Haben soll ein
Stammler gewesen sein.

Eva Zeller

- Betrachtet die beiden Buchmalereien auf dieser Doppelseite und beschreibt die Besonderheiten. Setzt sie in Bezug zu den anderen auf der Seite gebotenen Materialien.
- Lest die Geschichte von der Berufung des Mose* in der Bibel (Ex 3,1 – 4,17). Achtet besonders darauf, wie sich Gott dem Mose vorstellt und wie der hebräische Gottesname Jahwe* entfaltet wird.
- Wie wird die biblische Gestalt des Mose in dem Gedicht von Eva Zeller charakterisiert? Wie wird die inhaltliche Aussage formal unterstützt? Welche Bilder fallen auf?

... um sie aus jenem Land hinaufzuführen *Ex 3,8*

Spiritual

2. Thus spoke the Lord, bold Moses said, let my people go,
   if not, I'll smite your first born dead, let my people go.
   Go down Moses …
3. No more shall they in bondage toil, let my people go,
   let them come out with Egypt's spoil, let my people go.
   Go down Moses …
4. The Lord told Moses what to do, let my people go,
   to lead the children of Israel through, let my people go.
   Go down Moses …

Sarajevo-Haggada*, Spanien, um 1314

Die Prophetin Mirjam, die Schwester Aarons, nahm die Pauke in die Hand, und alle Frauen zogen mit Paukenschlag und Tanz hinter ihr her.
Mirjam sang ihnen vor: Singt dem Herrn ein Lied.
Denn er ist hoch und erhaben!
Rosse und Wagen warf er ins Meer.

Ex 15,20f.

- ▶ Erschließt den biblischen Kontext des Mirjam-Liedes, wie er auch in der Buchmalerei der Sarajevo-Haggada* dargestellt ist.
- ▶ Übersetzt den Text des Liedes *When Israel was in Egypt's land* und überlegt euch, wer in dem Lied der Akteur ist und welche Rolle Mose spielt.
- ▶ Das Lied wird als *Spiritual* bezeichnet. Informiert euch über die Bedeutung von Spirituals und Gospels.
  Welche Bedeutung hatte das Exodus*-Geschehen für die amerikanischen Sklaven, die diese Lieder im 19. Jahrhundert gesungen haben?

Dann sprach Gott alle diese Worte *Ex 20,1*

Die Zehn Gebote (= der Dekalog*) haben eine lange Tradition. Wahrscheinlich wurden diese Weisungen für ein gelingendes Leben der Menschen miteinander im achten oder siebten Jahrhundert v. Chr. zum ersten Mal in der Form zusammengestellt, wie wir sie noch heute kennen (Dtn 5,6-21). Ungefähr zwei Jahrhunderte später – nach der Katastrophe des babylonischen Exils* (586-538 v. Chr.) – wurden sie dann in abgeänderter Form in einen größeren Erzählzusammenhang gestellt und erhielten damit ihren endgültigen Platz in der Tora* (Ex 20,1-17).

Ich bin Jahwe*, der Gott, der dich aus Ägypten* herausgeführt hat,
aus dem Sklavenhaus.
Du sollst neben mir keine anderen Götter haben.
Du sollst den Namen Jahwes, deines Gottes, nicht missbrauchen.
Gedenke des Sabbats: Halte ihn heilig.
Ehre deinen Vater und deine Mutter, damit du lange lebst
in dem Land, das der Herr, dein Gott, dir gibt.
Du sollst nicht morden.
Du sollst nicht die Ehe brechen.
Du sollst nicht stehlen.
Du sollst nicht falsch gegen deinen Nächsten aussagen.
Du sollst nicht nach der Frau deines Nächsten verlangen.
Du sollst nicht das Haus deines Nächsten begehren,
nicht sein Feld, nicht seinen Sklaven oder seine Sklavin,
sein Rind oder seinen Esel,
nichts, was deinem Nächsten gehört.

Nach Ex 20,2-17 und Dtn 5,6-21

Das Tora-Schild dient zusammen mit dem Tora-Mantel, -Vorhang, -Wimpel, -Aufsatz und -Zeiger dem Schmuck und Schutz der auf Pergament geschriebenen Tora*. Es ist oft mit einer Abbildung der Gesetzestafeln versehen als Hinweis darauf, dass der Dekalog in der Tora enthalten ist. Das abgebildete Schild wurde 1765/67 hergestellt und stammt aus der Synagoge Ichenhausen.

- ▶ Nicht nur die Geschichten vom Exodus*, auch der Dekalog* wird vom Volk Israel als »Befreiungstext« empfunden – warum?
- ▶ Der Exodus spielt für die Israeliten im babylonischen Exil eine wichtige Rolle. Welche Rolle spielen vertraute Regeln, Sitten und Gebräuche für Fremde in unserem Land bzw. für euch, wenn ihr z. B. längere Zeit im Ausland lebt?
- ▶ Welche Gebote oder ethischen* Grundsätze leiten und regeln euer Leben? Welche empfindet ihr als Einschränkung? Könnt ihr sie (z. B. auch eine Hausordnung der Schule) auf den Dekalog zurückführen?
- ▶ Sammelt in einer Wandzeitung über zwei Wochen Situationen, in denen Recht und Gesetz das Zusammenleben der Menschen erleichtern (könnte).

Hört und ihr werdet leben *Dtn 4,1*

»Es gibt über 30 Millionen Gesetze auf der Welt, um die Zehn Gebote durchzuführen!«

Albert Schweitzer

Die einen sagen, der Dekalog* enthält rein menschliche, längst überholte Lebensregeln, die die Freiheit einschränken. Das erste Gebot zum Beispiel sollte ursprünglich das Volk Israel vor Götzendienst bewahren und es von anderen Völkern abgrenzen. Es ging sowohl um die Erhaltung der nationalen und religiösen Identität als auch um die Betonung der Einzigartigkeit und die Unverfügbarkeit Jahwes*.
Andere meinen, gerade diese einfachen Gebote sind die Grundlage und die Letztbegründung für die Einhaltung der Menschenrechte und ermöglichen dadurch erst Freiheit. Bei einigen dieser Gebote bedarf es nur einer Neuinterpretation. Das Götzenverbot kann z. B. den modernen Menschen vor Ideologien und Ersatzreligionen schützen und ihn zu einem ständigen Überdenken seiner Vorstellungen von Gott, Mensch und Welt anhalten.

Keith Haring, 1985

- Erstellt eine Collage zu den modernen »Götzen« bzw. Ersatzreligionen.
- Erarbeitet auch für die anderen Gebote den ursprünglichen Sinn und die heutige Bedeutung. Erklärt in diesem Zusammenhang die Weisung in der Überschrift dieser Doppelseite, indem ihr in einer Liste gegenüberstellt, was »Hören« und das entsprechende »Leben« bedeuten könnte. Vergleicht eure Ergebnisse mit den Erfahrungen des Volkes Israel.
- Informiert euch über das Leben von Keith Haring, den Titel und die Entstehung des von ihm abgedruckten Bildes. Wie deutet ihr das Bild? Entwerft ein aussagekräftiges Bild zu einem anderen Gebot (vgl. 119).

Propheten in Israel

Ist in der heutigen Zeit von »Propheten*« die Rede, so denkt man gewöhnlich an Menschen, die Vorausahnungen haben, die die Zukunft kennen, sie vorhersagen und deuten können. Sie werden in die Nähe von Hellsehern und Wahrsagern gerückt. Das biblische Verständnis ist jedoch ein anderes:
In der *Septuaginta*, der aus dem dritten Jahrhundert v. Chr. stammenden Übersetzung des Alten Testaments aus dem Hebräischen ins Griechische, wird mit »Prophet« das hebräische Wort *nabi* (Plural: *nebiim*) wiedergegeben. Es hat sowohl aktivischen wie auch passivischen Charakter, kann einerseits von Gott zu einer besonderen Aufgabe »Be«- oder »Gerufener« und andererseits »Rufer« oder »Verkünder« einer göttlichen Botschaft bezeichnen.
Da viele Propheten weder Priester noch Beamte waren, hatten sie keinen offiziellen Status und gerieten wegen ihrer oft gesellschaftskritischen Botschaft (Einzelheiten siehe 24 f.) nicht selten in Verruf. Sie wurden ignoriert, angegriffen und als »Narren« gescholten (vgl. Hos 9,7; Jer 29,26; 2 Kön 9,11). Die Last der Berufung war nicht immer leicht. Nach Jer 38,4-6 warf man den Propheten Jeremia in den Schlamm einer kloakigen Zisterne. Jer 27,2 berichtet davon, dass er Stricke und Jochhölzer im Nacken trug. Ezechiel musste nach Ez 2,8 – 3,3 eine Schriftrolle essen und erfuhr am eigenen Leib das Exil (er wurde im Jahre 597 v. Chr. mit König Jojachin in die Verbannung nach Babylon deportiert). Auch der Viehzüchter und Maulbeerbaumpflanzer Amos wurde nach Am 7,10ff. verjagt. Hosea sollte mit einer Kultdirne Kinder zeugen (Hos 1,1 – 2,5). Daniel wurde laut Dan 6,17 in eine Löwengrube geworfen und von Jesaja wird berichtet, dass er glühende Kohlen auf seinen Lippen zu spüren bekam (Jes 6,6). Dennoch fühlten sich die Propheten vom Geist Gottes angetrieben, ihren göttlichen Auftrag zu erfüllen. Ihr Wort verstanden sie als Gottes Wort. Mit den Wendungen »Spruch Gottes«, »das Wort Gottes erging an mich«, »so spricht Gott, der Herr« leiteten sie ihre Reden ein. Sie brachten den Königen und Priestern, den Reichen, den Armen und den Bedrängten ihre Botschaft. In Drohsprüchen kündeten sie das Gericht Gottes an (z. B. Jes 1 – 3; Ez 33 – 48). Sie stellten soziales Unrecht an den Pranger und nannten Missstände in Gesellschaft und religiösen Institutionen (z. B. Hosea, Amos, Micha, Habakuk). Es gab aber nicht nur Mahner zur Umkehr und Warner vor drohendem Unheil, sondern in den Zeiten der Not auch Propheten, die Worte des Trostes und

- Der Exodus* ist Sinnbild des wandernden Gottesvolkes und bezieht sich nicht nur auf den Auszug der Israeliten aus Ägypten* in das »Gelobte Land« vor rund 3000 Jahren, sondern auch auf den Weg des Volkes durch seine Geschichte. Versetzt euch vor diesem Hintergrund in eine der Personen auf dem Bild oben und formuliert, was sie für Erwartungen, Hoffnungen und Befürchtungen haben könnte.
- Entwerft anhand der Informationen im Text eine Stellenanzeige »Prophet/in* gesucht!«. Diskutiert darüber, wer sich bewerben könnte.
- Gebt in einer Suchmaschine im Internet den Suchbegriff »Berufung« ein und klärt die verschiedenen Zusammenhänge, in denen von »Berufung« die Rede ist.
- Überlegt euch, welche Aufgaben die Prophetinnen und Propheten bei der Begleitung des Volkes auf dem Weg durch seine Geschichte hatten.

Doris Herschke, 2005

der Hoffnung für ihr Volk verkündeten (vgl. die Vision von der Auferweckung Israels, Ez 37, oder die messianischen Texte Jes 7; 9; 11). Die biblischen Prophetinnen (z. B. Mirjam: Ex 15,20; Debora: Ri 4,4; Hulda: 2 Kön 22,14) und Propheten werden als ganz unterschiedliche Persönlichkeiten dargestellt: Manche ungestüm und impulsiv, andere exzentrisch und spitzfindig. Von einigen wird gesagt, dass sie sanft reden, von anderen, dass sie scharfzüngig und wild waren. Manche sollen in den Palästen der Macht ein- und ausgegangen sein, andere waren dagegen nur einfache Ackerbauern und Viehhirten. Die Prophetinnen und Propheten erscheinen als große Gelehrte oder ehrliche, einfache Grübler, als bizarre Gestalten mit furchtlosen Herzen und besessen von der brennenden Leidenschaft gegen das Böse.
Der zeitliche Bogen der Propheten spannt sich dabei von Mose*, von dem es im Alten Testament heißt: *»Niemals wieder ist in Israel ein Prophet wie Mose aufgetreten«* (Dtn 34, 10) bis hin zu Johannes, über den Jesus sagt: *»Ihr habt sogar mehr gesehen als einen Propheten … Unter allen Menschen hat es keinen größeren gegeben als Johannes den Täufer.«* (Mt 11,9f.).

	Zeitraum	
Patriarchenzeit: Einwanderung semitischer Nomadengruppen aus dem Zweistromland und den Wüstengebieten nach Palästina/Kanaan	ca. 1800 v. Chr.	**Abraham** **Isaak** (arabische Linie: Ismael) **Jakob** (12 Stämme Israels)
Exodus* und Wüstenzeit: Hebräische Stämme wandern aus Ägypten nach Kanaan ein (Einigung der Stämme und Landnahme) Um 1200 lassen sich auch die *Philister* in der Küstenebene Kanaans nieder	um 1250 v. Chr. bis 1200 v. Chr.	**Mose*** **Josua** (der Eroberer) verschiedene so genannte »Richter« (z. B. **Debora, Gideon, Simson, Samuel**)
Königszeit des geeinten Reichs: Hebräische Stämme wählen einen König für ihr neues Land Israel Eroberung Jerusalems als Hauptstadt Bau des ersten Tempels in Jerusalem	um 1020 v. Chr. bis ca. 950	**König Saul** (1020-1000 v. Chr.) (verschiedene Propheten: z. B. **Nathan**) König **David*** (1000-961 v. Chr.) König **Salomo** (960-931 v. Chr.)

Zeit der getrennten Reiche:

Nordreich »Israel« mit der Hauptstadt Samaria			Südreich »Juda« mit der Hauptstadt Jerusalem		
In »Israel« regieren von 932 bis 722 19 Könige, z. B. **Jerobeam, Ahab, Jehu**		Bedeutende Propheten*: **Elija** (um 850) **Elischa** (um 800) **Amos** (um 800) **Hosea** (um 800)	In »Juda« regieren von 930 bis 586 20 Könige, z. B. **Rebabeam, Josaphat, Hiskia**		Bedeutende Propheten: **Jesaja** (um 700) **Micha** (um 700) **Zefanja** (um 630) **Jeremia** (um 585)
Die *Assyrer* erobern Israel; Verschleppung der Oberschicht	722 v. Chr.		Jerusalem wird von den Babyloniern erobert. Deportation der Bevölkerung; Zerstörung des Tempels durch Nebukadnezzar	598 und 586 v. Chr.	

Zeit des babylonischen Exils*:		**Ezechiel**
Zeit der Rückkehr und des Wiederaufbaus: Statthalter **Nehemia** Priester **Esra**	538 v. Chr.	*Persische Herrschaft:* (Kyros) Wiederaufbau der Stadtmauern Geistige Erneuerung des Judentums Wiederaufbau des Tempels
Propheten: **Sacharja** (um 520) **Haggai** (um 520)	ab ca. 445 ca. 332	*Griechische Herrschaft:* Alexander der Große erobert das Perserreich
	seit 323	*Ptolemäische Herrschaft* (Ägypter)
	seit 198	*Seleukidische Herrschaft* (Babylonier/Syrer)
Zeit des jüdischen Freiheitskampfes: (**Makkabäer**aufstand)	ab 167	169 v. Chr. Plünderung des Tempels
	63 v. Chr.	*Römische Herrschaft:* Pompejus erobert Jerusalem
1. Jüdischer Krieg (66-70); Jüdischer Anführer **Eleazar**	70 n. Chr. 73 n. Chr.	Zerstörung des Tempels durch Titus Fall Masadas
2. Jüdischer Krieg (132-135) **Bar-Kochba**-Aufstand	135 n. Chr.	Jerusalem wird völlig zerstört: Vertreibung der Juden aus Judäa

Zeit einer fast 2000-jährigen Diaspora (vgl. 42 f.)

Wenn Gott Menschen ruft

Der Prophet*

Dieser Narr
erinnert sich
an die Zukunft

Mit seinem Auge
das verfinstert ist
vor der Nacht

Mit seinem Ohr
das nicht mehr hört
vor dem Schweigen

Mit seinem Hirn
das verbrennt
vor dem Feuer

Mit seinem Schrei

Erich Fried

Der Prophet 2

Kein Prophet sprach: »Mich Geweihten sende!«
Eingebrannt als Mal war es in allen:
Furchtbar ist dem Menschen in die Hände
Gottes des Lebendigen zu fallen.

Kein Prophet sprach: »Mich Bereiten wähle!«
Jeder war von Gottes Zorn befehdet.
Gott stand dennoch jedem vor der Seele,
wie ein Mann mit seinem Freunde redet.

Kein Prophet sprach: »Gott, ich brenne!«
Jeder war von Gott verbrannt.
Kein Prophet sprach: »Ich erkenne!«
Jeder war von Gott erkannt.

Jochen Klepper

Walter Habdank, 1980

- ▶ Welche unterschiedlichen Vorstellungen vom Prophetendasein kommen in den beiden Gedichten zum Ausdruck?
- ▶ Überlegt euch, was der Prophet* auf dem Holzschnitt hört und sieht.
- ▶ Mit welchen Schwierigkeiten haben »Berufene« zu kämpfen? Lest dazu die Geschichte vom Propheten Jona im AT.

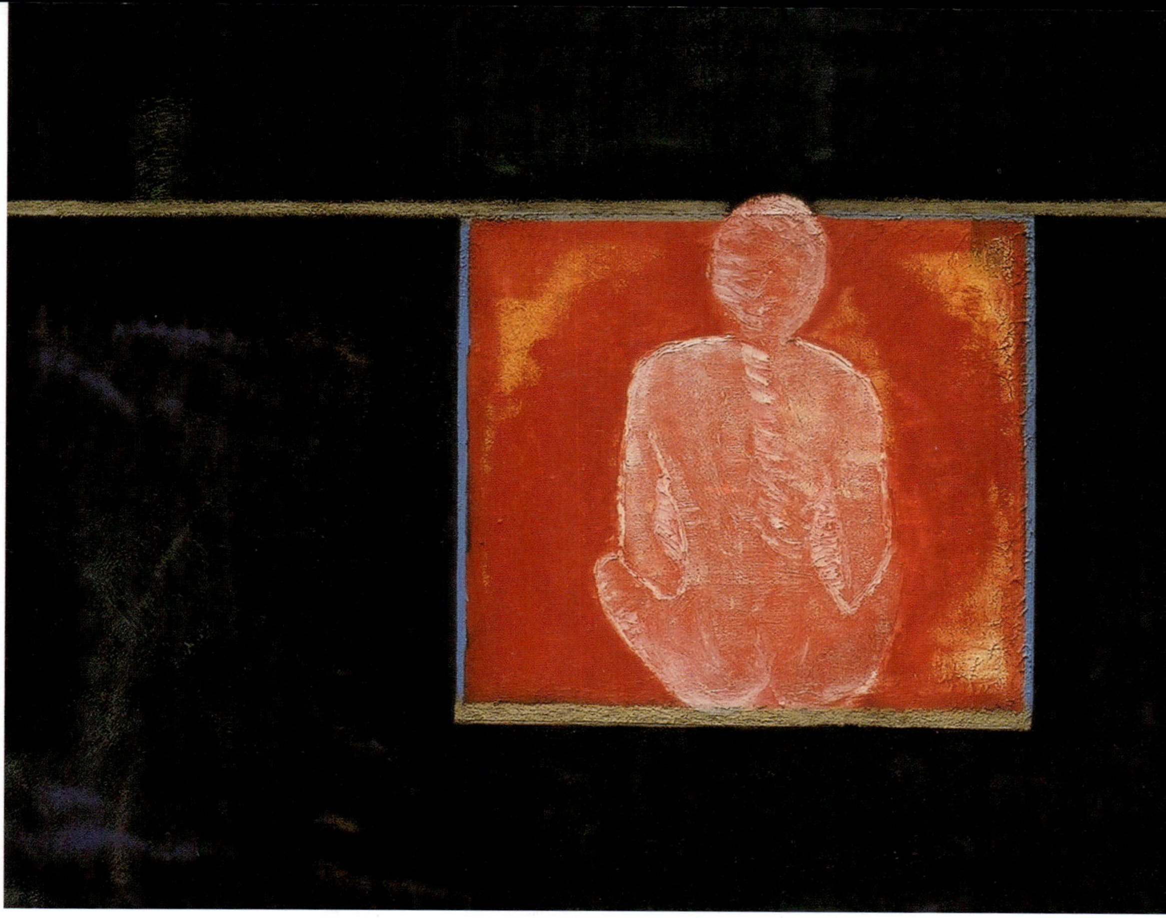

Sylvia Grevel, 2002

Magnifikat

Es steht geschrieben, dass Maria* sagte:
»Meine Seele erhebt den Herrn.
Und mein Geist freut sich Gottes, meines Heilandes,
denn er hat die Niedrigkeit seiner Magd angesehen.
Siehe, von nun an werden mich seligpreisen
alle Kindeskinder.«
Heute sagen wir das so: Meine Seele sieht das Land der Freiheit und mein Geist wird aus der Verängstigung herauskommen. Die leeren Gesichter der Frauen werden mit Leben erfüllt und wir werden Menschen werden, von Generationen vor uns, den geopferten, erwartet.

Es steht geschrieben, dass Maria sagte:
»... denn er hat große Dinge an mir getan,
der da mächtig ist
und dessen Name heilig ist,
und seine Barmherzigkeit
währt von Geschlecht zu
Geschlecht.«
Heute sagen wir das so: Die große Veränderung, die an uns und durch uns geschieht, wird mit allen geschehen – oder sie bleibt aus. Barmherzigkeit wird geübt werden, wenn die Abhängigen das vertane Leben aufgeben können und lernen, selber zu leben.

Dorothee Sölle

- Inwiefern handelt es sich bei dem Text von Dorothee Sölle um einen prophetischen Text? Benennt konkrete Merkmale.
- Sucht das Original im Lukasevangelium und aktualisiert den Text in ähnlicher Weise wie Dorothee Sölle.
- Im AT gibt es einen ähnlichen Text: 1 Sam 2,1-10. Vergleicht die Texte und deren Kontext.
- Das Bild der niederländischen Malerin und Theologin Sylvia Grevel trägt den Titel »Magnifikat«. Achtet bei eurer Bildbetrachtung besonders auf die Farbgebung und den Aufbau des Bildes. Assoziiert frei, wie die Künstlerin durch das biblische Magnifikat zu diesem Bild inspiriert worden ist.

Propheten: Kritiker des Volkes Israel ...

Amos

Von Beruf Vieh- und Maulbeerfeigenbaumzüchter in Tekoa im Südreich, wurde Amos durch eine Berufung zum Propheten* auserwählt. Im Jahre 760 v. Chr. hatte er im wirtschaftlich florierenden Nordreich, zunächst in der Hauptstadt Samaria, dann im Wallfahrtsort Bet-El, die soziale Ungerechtigkeit und die religiöse Scheinheiligkeit anzuprangern und die drohende Vernichtung anzukündigen. Vom Oberpriester wurde er deshalb des Landes verwiesen.

Jesaja

Der Prophet Jesaja rief in den politischen Wirren des achten Jahrhunderts v. Chr. in Juda zum festen Glauben an Jahwe* auf. Dieser allein könne in den Auseinandersetzungen mit Assyrern, Ägyptern* und dem Nordreich Halt und Rettung geben. Durchdrungen von der Berufung durch Jahwe preist er dessen Stärke.

Jesaja fordert wie Amos vom Menschen echten Glauben, der sich in Taten zeigt und nicht nur in frommer kultischer Betätigung. Beide Propheten wissen aber auch um die Möglichkeit der Rettung: Bedrängnis und Bitterkeit werden zwar groß sein, aber beide hoffen, dass durch die Güte Gottes ein »Rest« derer, die ein gottgefälliges Leben geführt haben, verschont wird.

Hört dieses Wort,
die ihr die Schwachen verfolgt
und die Armen im Land unterdrückt.
Ihr sagt: Wann ist das Neumondfest
vorbei? Wir wollen Getreide verkaufen.
Und wann ist der Sabbat vorbei?
Wir wollen den Kornspeicher öffnen,
das Maß kleiner und den Preis größer
machen und die Gewichte fälschen.
Wir wollen mit Geld die Hilflosen kaufen,
für ein paar Sandalen die Armen.
Sogar den Abfall des Getreides
machen wir zu Geld.
Beim Stolz Jakobs hat der Herr
geschworen:
Keine ihrer Taten werde ich jemals
vergessen.

Amos 8,4-7

Pablo Gargallo, 1933

- Wie könnte man Inhalt und Ziel alttestamentlicher Prophetensprüche in die heutige Zeit übersetzen? Lest in Kleingruppen Am 2,1-16; Am 7,10-15 und Jes 1,11-17 und arbeitet die wesentlichen Elemente der Kult- und Sozialkritik heraus. In welchen Punkten seht ihr Parallelen zu den heutigen gesellschaftlichen Verhältnissen?
- Viele Bilder der Bibel stammen aus dem Lebensbereich der Bauern und Hirten und sind geprägt von der Erfahrung der Unterdrückung durch andere Völker (Assyrer, Babylonier) sowie der gleichzeitigen Hoffnung auf Unabhängigkeit wie unter König David (1000 v. Chr.). Deutet vor diesem Hintergrund die Bildsprache in den oben angegebenen prophetischen Texten.
- Prophetinnen und Propheten treten im Namen Gottes für die Menschen und das Leben ein. Die abgebildete Eisenskulptur mit dem Titel »Der Prophet« stellt dar, was notwendig ist, um diesem Auftrag gerecht zu werden. Beschreibt sie genau und deutet auch das Material und die Gestaltung.

... und Künder von Hoffnung und Frieden

Edward Hicks, 1826

Die Hoffnung der Propheten* auf Rettung wird auch später in Zeiten der Bedrängnis immer wieder aufgegriffen und fortgeschrieben. Die christliche Weihnachtsbotschaft ist geprägt von der Erwartung eines Messias*, der den Menschen den lang ersehnten Frieden bringen wird. So ist an fast allen Adventssonntagen und am Heiligen Abend die alttestamentliche Lesung im Gottesdienst eine Jesaja-Verheißung.
Von der Friedensverheißung Jes 11,6-9 inspiriert, hat der amerikanische Maler Edward Hicks (1780-1849) ein Bild zur Gründung der Kolonie und des späteren Bundesstaates Pennsylvania (USA) im Jahre 1726 durch Wilhelm Penn gemalt. Penn wollte den Traum vom friedlichen Zusammenleben der Menschen aller Ethnien und Religionen verwirklichen. Hicks Bild ist nicht wegen seines künstlerischen Wertes berühmt geworden, sondern weil es mit einfachen Mitteln zeigt, dass der Traum vom Frieden, wie er in den Verheißungen des Jesajabuches anklingt, kein Traum bleiben muss. Bis in die heutige Zeit hinein inspiriert Jesajas Botschaft vom Reich Gottes Menschen, darauf zu hoffen und sich für eine bessere und gerechtere Welt einzusetzen.

- ► Betrachtet das Bild und übersetzt die Texte im Bilderrahmen. Wie verbindet der Maler die Ankündigung des messianischen Reiches im Jesaja-Buch mit der Gründung der Kolonie und des heutigen Bundesstaates Pennsylvania?
- ► Informiert euch, welche alttestamentlichen Lesungen an den vier Adventssonntagen und in der Heiligen Nacht dem Jesaja-Buch entnommen sind und welche Botschaft damit vermittelt werden soll.
- ► Greift einige Bilder aus Jes 11 auf, mit denen Jesaja seine Hoffnungsbotschaft umschreibt, und vergleicht sie (z. B. in Form einer Collage) mit entsprechenden Verheißungen in der Werbung.

Moderne Propheten –

Die gerufenen Ruferinnen und Rufer Gottes, die sich als Kämpfer gegen falsche Götter und Götzen verstehen und als Kritiker der Mächtigen und Anwälte der Armen, gibt es nicht nur im Alten Testament. Im Lauf der Geschichte sind auch unter Christen immer wieder Frauen und Männer aufgetreten, die von prophetischem Geist erfüllt waren – bis heute.

Befreiungstheologie – aktuelle Prophetie

Die Befreiungstheologie* entstand als »Option für die Armen« Ende der 1960er-Jahre in Lateinamerika (vor allem in Brasilien, Peru und Chile). Sie interpretiert Sinn und Bedeutung des christlichen Bekenntnisses wie auch die Zielsetzung der christlichen Sendung aus der Sichtweise unterdrückter und ausgebeuteter Völker, Klassen, Rassen und des unterdrückten Geschlechts (feministische Theologie*). Die Befreiungstheologie setzt sich mit der Geschichte und kulturellen Identität dieser »Armen« auseinander. Sie erwächst aus der Betroffenheit dortiger Christen von der Verelendung ihrer Schwestern und Brüder und äußert sich in dem vom Evangelium motivierten Einsatz für Gerechtigkeit und Menschenwürde. Vor dem Hintergrund von Massenarmut, Abhängigkeit, Ausbeutung (z. B. im Welthandel) und Unterdrückung will sie die Theologie im Sinne des prophetischen Protests von allen Ideologien befreien, die strukturelles Unrecht und strukturelle Gewalt* rechtfertigen. Vor allem aber sieht sie sich als Ankündigung von Gottes befreiendem Handeln in und durch die Geschichte der Befreiung der Armen und Unterdrückten und interpretiert so die Bedeutung des christlichen Heils, des Lebenswegs und der Botschaft Jesu neu. Träger dieser Theologie ist zunächst das geschundene Volk, das sich in so genannten Basisgemeinden* zusammenfindet, miteinander Gottesdienst feiert und sich gegenseitig tröstet und ermutigt.

Der an Spaten und Mistgabel gekreuzigte Bauer wurde zum provokanten Symbol der »Befreiungstheologie«.

Sehen – Urteilen – Handeln

Methodisch wird die »Option für die Armen« in einem Dreischritt umgesetzt:

- **Sehen (= Gesellschaftsanalyse):**
  Wie kommt es zu Armut und Unterdrückung? Wirtschaftliche Strukturen, Abhängigkeit von reichen Ländern und Ausbeutung sind die Ursachen.
- **Urteilen (= Interpretation):**
  Entspricht die analysierte gesellschaftliche Realität dem Evangelium, dem Willen Gottes?
  Die Christen in Lateinamerika erkennen, dass diese Lage als »soziale Sünde« zu bewerten ist.
- **Handeln (= Aktion):**
  Wie kann Befreiung umgesetzt werden? Eine Form ist die konkrete Arbeit in den Basisgemeinden, in denen das Evangelium gelesen, Probleme besprochen und Initiativen geplant (z. B. Bau von Wasserleitungen) werden.

von der Exodus-Botschaft inspiriert

Erwin Kräutler (*1939)

Seine Freunde sind vor allem die Unterdrückten, die Armen, die Indianerstämme Brasiliens, für deren verfassungsmäßige Grundrechte und kulturelle Identität Erwin Kräutler kämpft. Mehrfach hat er dafür sein Leben riskiert. Zum Beispiel 1981, als er bei einer Demonstration von Indianern, mit denen er sich als Europäer solidarisierte, von der Polizei geschlagen und als Geisel benützt wurde. 1987 entging er bei einem inszenierten Autounfall knapp dem Tod.
Erwin Kräutler wurde 1939 in Vorarlberg (Österreich) geboren. Nach der Matura (= Abitur) 1958 trat er in die Kongregation der »Missionare vom Kostbaren Blut« ein. Die folgenden Jahre widmete er dem Studium in Salzburg und ab 1965 wirkte er als Priester und Missionar am Unteren Xingu und Amazonas. 1981 wurde er zum Bischof von Xingu, dem flächenmäßig größten Bistum Brasiliens, ernannt. Von 1983 bis 1991 diente er zudem als Präsident des Indianermissionsrates (CIMI – *Conselho Indigenista Missionário*) der Brasilianischen Bischofskonferenz.1988 erreichte er mit internationaler Unterstützung schließlich einen großen Erfolg: die Anerkennung der Rechte der Indianervölker in der Verfassung. Seitdem hat er sich um die Durchsetzung dieser in der Konstitution verankerten Rechte bemüht. Für sein Engagement erhielt Kräutler zahlreiche Ehrungen und Preise, u. a. wurde ihm 1993 von der Universität Bamberg die Ehrendoktorwürde verliehen.

Erwin Kräutler im Gespräch mit einem Indio

- ► Lässt sich der Dreischritt »sehen-urteilen-handeln« auch auf konkrete Situationen in unserem Land übertragen? Wo gibt es in unserer Umgebung Benachteiligte?
- ► Informiert euch über Gestalten der Kirchengeschichte, die als »Schrittmacher des Glaubens« gelten, z. B. Franz von Assisi, Friedrich von Spee, Katharina von Siena, Wilhelm Emanuel von Ketteler, Dominikus Ringeisen. Inwiefern weisen sie prophetische Züge auf?
- ► Informiert euch über Priester bzw. Ordensleute und Entwicklungshelfer, die in der so genannten Dritten Welt tätig sind.
- ► Diskutiert, ausgehend von Jer 28, wie wahre von falschen Propheten* auch in der heutigen Zeit unterschieden werden können.
- ► Tauscht euch darüber aus, was ihr über die sozialen und wirtschaftlichen Verhältnisse in den genannten südamerikanischen Ländern wisst. Ihr könnt auch euren Geografielehrer dazu befragen.
- ► Sammelt Reiseprospekte und -angebote zu den genannten Ländern. Vergleicht die darin enthaltenen Informationen mit dem, was ihr auf dieser Doppelseite erfahren habt. Im Internet findet ihr aktuelle Landesinformationen zu Brasilien z. B. auf der Homepage des Auswärtigen Amtes.

Menschen engagieren sich – Beispiel Haiti

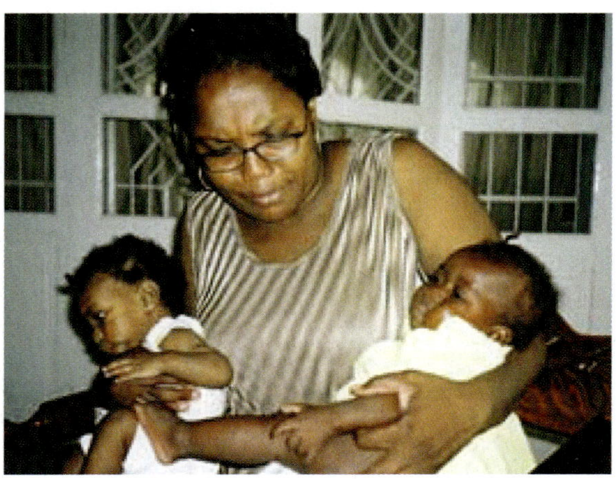

Haiti zählt seit Jahren zu den zehn ärmsten Ländern der Erde. Geografisch liegt Haiti in der Karibik, politisch steht es unter amerikanischem Einfluss, sprachlich und bildungsmäßig orientiert es sich an Frankreich, kulturell und traditionell versteht es sich als afrikanisch. Das Land befindet sich in einer höchst schwierigen ökologischen Lage mit einem Waldbestand von nur drei Prozent und extremer Erosion. In den wirtschaftlich nutzbaren Regionen herrscht eine hohe Bevölkerungsdichte: Pro Quadratkilometer leben dort 250 bis fast 500 Menschen. Der Ruhm, bereits 1804 die erste nachkoloniale Schwarzenrepublik gewesen zu sein, verblasst vor der Realität struktureller Unfreiheit, Korruption und Naturkatastrophen, was Armut, Not und Unterentwicklung zur Folge hat. Die Schere zwischen Arm und Reich klafft immer weiter auseinander.

Ein paar Daten sprechen Bände:

- unter den Erwachsenen gibt es mindestens 80 Prozent Analphabeten;
- zwei Drittel der Kinder sind fehl- bzw. unterernährt;
- ein Viertel der Kinder stirbt, bevor das fünfte Lebensjahr erreicht ist, an einfachen Krankheiten wie Durchfall oder einem grippalen Infekt.

Die Haiti Kinder Hilfe e. V. sucht Auswege aus dieser Situation und will Menschen vor dem verzweifelten Versuch bewahren, die Heimat hinter sich zu lassen und in reichere Länder zu flüchten. Marie Josée Laguerre aus Merching bei Augsburg ist Mitbegründerin der Haiti Kinder Hilfe e. V. Sie lebte bis zum Abitur in Haiti und siedelte dann nach Deutschland über.

Interview

Wem hilft die Haiti Kinder Hilfe?

Laguerre: Ein Schwerpunkt unserer Arbeit liegt in der Schul- und Berufsausbildung. Wir möchten damit den Teufelskreis der Armut durchbrechen, denn Analphabetentum führt zur Arbeitslosigkeit und diese ist für die schlechte Versorgung vieler Menschen verantwortlich. Hunger und Krankheit sind die Folge, aber auch Kriminalität.

Was sind Ihre wichtigsten Projekte?

Laguerre: Wir errichten z. B. Heime für Kinder, deren Eltern nicht mehr leben oder sich nicht um sie kümmern können. Die Kinder ziehen von einer Slumhütte oder von entfernten Dörfern zu uns. Letztes Jahr kamen mehrere Kinder in die Heime, nachdem die Fluten ihre Eltern in den Tod gerissen hatten. Unsere Heime sind wie die Schule eine Alternative zu Hunger, Krankheit, Kriminalität und Prostitution.

Ein weiteres großes Thema ist die Gesundheit ...

Laguerre: Ja, mit unseren Gesundheitsprojekten streben wir an, den Ärmsten bisher Unmögliches zu ermöglichen: Während eine Untersuchung beim Arzt zwischen 10 und 20 Euro kostet, wird bei uns der Patient für 70 Cent behandelt (Untersuchung, Labortests, Medikamente, Vitamine, Nahrungsergänzungen). Wir arbeiten mit verschiedenen Ärzten, Krankenhäusern und Stiftungen zusammen, um Kranke, v. a. Kinder und Jugendliche, denen in Haiti nicht geholfen werden kann, in Deutschland behandeln zu lassen. Dabei sind wir immer wieder an Orten tätig, wo es nicht einmal medizinisches »Barfußpersonal« gibt.

Auch in der Landwirtschaft engagiert sich die Haiti Kinder Hilfe ...

Laguerre: Ja, wir haben auch landwirtschaftliche Projekte unterstützt. »Pflüge tief, wenn der Faule hält Ruh', dann hast du Korn zum Verkaufen und für den Speicher dazu.« Diese Weisheit versuchen wir seit der Vereinsgründung haitianischen Bauern immer wieder plausibel zu machen. So hatten wir ihnen das Früchtetrocknen beigebracht, mit ihnen Schweinezucht betrieben, die aus agrarpolitischen Interessen der Amerikaner in Vergessenheit geraten war, sowie den Solarkocher und den Sparofen in bäuerliche Gegenden eingeführt, damit die Abholzung der Wälder ein Ende hat. Aktuell arbeiten wir an einem größeren Aufforstungsprojekt und sind dankbar für jede Unterstützung, die wir bekommen können.

- Recherchiert aktuelle Informationen zu Haiti, z. B. auf der Homepage der Haiti Kinder Hilfe oder der des Auswärtigen Amtes. Gestaltet eine Präsentation eurer Ergebnisse im Klassenzimmer oder Schulhaus.
- Klärt in einer Diskussion: Was gehen uns eigentlich die Probleme in so weit entfernten Ländern an? Können wir wirklich helfen?
- Vergleicht das Wirken von Frau Laguerre mit dem Auftreten der klassischen Propheten. Wo seht ihr Gemeinsamkeiten, wo Unterschiede?
- Organisiert eine Veranstaltung (z. B. Kaffee- und Kuchenverkauf am Elternsprechtag) zur Unterstützung der Haiti Kinder Hilfe e. V. oder einer ähnlichen Organisation. Überlegt euch, wie ihr mit Unterschriftenaktionen, Patenschaften etc. gegen die Armut in der Welt ein Zeichen setzen könnt.

Frei sein

T/M: Kathi Stimmer-Salzeder © Musik und Wort, Aschau

2. Hab ich dann einen Berg erklommen,
seh ich vor mir das weite Land,
ich spür', ein Teil ist schon gewonnen,
und dank für jede Freundeshand.
Denn die mit mir gemeinsam gingen,
sie gaben mir oft neuen Mut.
Und wenn ich ihnen helfen konnte,
so tat das auch mir selber gut.

3. Bin ich am Ende meines Weges,
sag ich vielleicht: Nun schaut mich an!
Trotz aller Zweifel, aller Fragen,
ich hab's versucht und ich gewann.
Und hätt's vielleicht ein ganzes Leben
umsonst versucht, wenn ich allein
auf meinem Weg gewesen wäre,
drum will ich euer Freund auch sein.

Refrain 3:
Wir sagen ja und woll'n versuchen,
den Weg zu gehen, der vor uns liegt.
Wir wollen stets die Ziele suchen,
die immer uns das Leben gibt.

► Überlegt anhand des Liedes, welche Wege ihr bisher gegangen seid, welche Hindernisse ihr überwunden habt und welche Ziele ihr anstrebt.

2 Das Judentum – Weltreligion und Wurzel des Christentums

Spuren jüdischen Lebens

Wer ist eigentlich Jude?

»Wer von einer jüdischen Mutter geboren wurde!« – so lautet traditionsgemäß die Antwort auf die Frage, wer denn eigentlich Jude sei. Damit ist das Jude-Sein zunächst eine Sache des Hineingeboren-Werdens in ein Volk, in eine Volksgemeinschaft. Da es orientalische, europäische, afrikanische und asiatische Juden gibt, kann von einer einheitlichen ethnischen Gruppe nicht die Rede sein. Dennoch bilden die Juden trotz aller Unterschiede, trotz verschiedener Muttersprachen und kultureller Prägungen – nicht zuletzt angesichts ihrer leidvollen geschichtlichen Erfahrungen – eine Schicksalsgemeinschaft mit einem starken Zusammengehörigkeitsgefühl.
Zum Judentum im Sinne einer Religionsgemeinschaft kann jeder durch Konversion entsprechend der *Halacha*, dem jüdischen Religionsgesetz, übertreten. Dies bleibt freilich die Ausnahme, weil die jüdische Religion keine Mission vorsieht und die Konversion häufig ein kompliziertes und langwieriges Verfahren ist: Die »Übertrittskandidaten« müssen zuerst einem Rabbiner ihr Anliegen bekunden. Dieser wird zunächst ablehnen und auf später verweisen – und zwar so lange, bis er erkennt, dass der Übertritt zum jüdischen Glauben aus tiefster innerer Überzeugung erfolgt. Erst dann beginnt die zweite und wichtige Phase der Übertrittsprozedur, der so genannten *Ger*, nämlich das Lernen. Schriften und Gesetze, die hebräische Sprache, Gebetspraxis* und Traditionen sowie zahlreiche Regeln, die das Leben als jüdischer Mann bzw. jüdische Frau bestimmen, müssen erlernt werden. Der Übertritt selbst vollzieht sich dann für die Frau im rituellen Tauchbad, der *Mikwe*, und für den Mann in der Beschneidung als Zeichen des Bundes zwischen Gott und Abraham und seinen Nachkommen.
Das religiöse Judentum stellt sich nicht so uniform dar, wie es bisweilen erscheinen mag. Grob betrachtet lassen sich – je nach Strenge der Einhaltung der Religionsvorschriften – folgende Richtungen unterscheiden: streng orthodoxe Juden, orthodoxe Juden, konservative Juden, liberale Juden und Reform-Juden.

► Informiert euch über einige der von Oz Almog dargestellten Persönlichkeiten (in alphabetischer Reihenfolge: Marc Chagall, Albert Einstein, Peter Falk, Anne Frank, Art Garfunkel, Heinrich Heine, Theodor Herzl, Franz Kafka, Janusz Korczak, Karl Marx, Helena Rubinstein, Steven Spielberg, Edith Stein, Levi Strauss) und stellt sie in Kurzreferaten vor.

dufte
Ganove
Kaff
Kittchen
Knast
koscher
malochen
Massel
meschugge
mies
Mischpoke
mogeln
Pinke
pleite
Ramsch
Reibach
schachern
Schlamassel
Schmonze
Schmus
schnorren
schofel
Stuss
vermasseln
zocken

Emblem der Gesellschaft für christlich-jüdische Zusammenarbeit Augsburg und Schwaben e. V.

Menora in der Augsburger Synagoge

Jüdischer Humor

Während eines schrecklichen Schneesturms in einer kalten Winternacht spürte der alte Jude Berkowitz, dass seine Zeit gekommen ist, und sagte zu seiner Frau:
»Hannele, schick jemand zum Priester und sag ihm, er soll schnell zu mir kommen – ich sterbe!«
»Den Priester? Du hast wohl schon hohes Fieber? Du meinst sicher den Rabbi!«
»Ich meine den Priester!«, fauchte Berkowitz.
»Der Himmel möge uns schützen! Bist du heimlich ein Christ geworden?«
»Nein, natürlich nicht! Aber warum soll man den Rabbi stören in so einer stürmischen Nacht?«

- Was lässt sich aus den verschiedenen Abbildungen über jüdisches Leben bei uns erschließen?
- Welche der jiddischen* Begriffe kennt ihr? Umschreibt deren Bedeutung.
- Unter »Jüdischer Humor« ist ein Beispiel für einen typisch jüdischen Witz abgedruckt. Der Reichtum an jüdischem Humor ist riesig. Sammelt jüdische Witze aus Büchern und aus dem Internet (in einer Suchmaschine »jiddische Witze« eingeben). Worin besteht die Eigenart dieses Humors?
- Welche Symbole auf der Bar-Mizwa*-Glückwunschkarte erkennt ihr? Informiert euch über die Bedeutung des Davidsterns*.
- Das Logo der Gesellschaft für christlich-jüdische Zusammenarbeit Augsburg und Schwaben e. V. vereinigt drei Symbole miteinander. Welche Bedeutung haben sie? Besorgt euch Material der unterschiedlichen Gesellschaften für christlich-jüdische Zusammenarbeit und informiert euch über die Schwerpunkte ihrer Arbeit. Wie bringt das Logo diese Aufgabenfelder zum Ausdruck?
- Tragt Spuren jüdischen Lebens aus eurer Umgebung in Form von Bild- und Textmaterial zusammen (Lieder, Friedhöfe, Synagogen, jüdische Feste* etc.).

Koscher kochen

Informiert euch auf [39] über die jüdischen Kaschrutgesetze. Variiert eure Lieblingsgerichte so, dass ihr zu einer Party jüdische Freunde einladen könnt. Stellt ein koscheres Menü zusammen.

Klezmer-Musik

Als »typisch jüdische« Musik gilt heute v. a. die so genannte Klezmer-Musik, die in Deutschland u. a. durch den Klarinettisten Giora Feidman bekannt gemacht wurde und mittlerweile von vielen Musikgruppen gepflegt wird. Informiert euch über Ursprung und Eigenarten dieser Musikrichtung und stellt Hörbeispiele vor.

Giora Feidman

Symbole und Zeichen

Sucht auf der Internetseite haGalil (unter dem Stichwort »Hintergrund/Jüdische Religion«: z. B. Feiertage oder Glossar) nach typisch jüdischen Zeichen und Symbolen und erkundet ihre Bedeutung.

Die *Mesusa* ist eine Kapsel mit einer kleinen Schriftrolle, die Dtn 6,4-9; 11,13-21 zitiert und am Türpfosten jüdischer Häuser angebracht ist.

Land und Leute

Erstellt eine Collage mit Bildern vom Heiligen Land und Jerusalem aus Reiseprospekten und Zeitschriften. Sammelt eine Woche lang in verschiedenen Medien Meldungen, die das Judentum bzw. Israel betreffen, und integriert sie in die Collage. Lassen sich Schwerpunkte in der Berichterstattung erkennen?

Film und Jugendbücher

Sammelt – in Zusammenarbeit mit Deutsch, Geschichte, Kunst – Titel von Filmen und Jugendbüchern, in denen das Judentum thematisiert wird. Stellt Leseproben und Filmausschnitte vor.

Kultur und Wissenschaft

Die auf [32] abgebildeten Persönlichkeiten repräsentieren nur einen kleinen Teil berühmter Jüdinnen und Juden. Erstellt in Zusammenarbeit mit anderen Fächern (z. B. Deutsch, Musik, Geschichte, aber auch Physik und Chemie) eine Aufstellung jüdischer Wissenschaftler und Kulturschaffender – auch mit einem Blick auf die zahlreichen Nobelpreisträger der letzten hundert Jahre. Stellt einzelne der recherchierten Persönlichkeiten in Kurzreferaten vor.

Synagogen und Friedhöfe

Erstellt eine Landkarte von Synagogen in Bayern (Informationen gibt es z. B im Internet unter dem Suchwort »Synagogen«).
Wo gab oder gibt es jüdische Gemeinden, Synagogen oder Friedhöfe in eurer Umgebung?
Wenn möglich, unternehmt gemeinsam mit der evangelischen Religionsgruppe eine Exkursion zu solchen Zeugnissen jüdischer Kultur in eurer Heimat. Sucht dort nach typisch jüdischen Zeichen und Symbolen und erkundet ihre Bedeutung.
Im Vergleich zu christlichen Gotteshäusern wird euch sicher auffallen, dass ihr keine Abbildungen von Gott oder Menschen findet. Erforscht dieses Phänomen des »Bilderverbots« unter Einbeziehung des Dekalogs 18 f.

Wer weiß noch ...?

... wozu eine Synagoge dient?
... etwas über die Geschichte Palästinas im ersten Jahrhundert n. Chr.?
... welche geografischen Besonderheiten das »Gelobte Land« aufweist?

Ergänzt euer Wissen durch einen Klick auf www.religionvernetzt.de.

Schritte zu einem neuen Miteinander

Informiert euch im Internet über den Ablauf des Schuldbekenntnisses und die Vergebungsbitten während des Pontifikalgottesdienstes von Papst Johannes Paul II. am 12. März 2000 in St. Peter in Rom.

Juden und Christen

Vergleicht jüdische Feste* mit christlichen. Beachtet dabei auch die zeitliche Einordnung im jeweiligen Jahreskreis. Welche jüdischen Feste werden v. a. im Kreis der Familie gefeiert?
Diskutiert Röm 11,18 im Hinblick auf das Verhältnis von Juden und Christen und vergleicht die Abbildung des Gedenksteins in Merchingen mit dem Titelbild auf 31.
Entwerft ein eigenes Bild zu Röm 11,18.

Gedenkstein an der ehemaligen Synagoge in Merchingen (Neckar-Odenwald-Kreis)

Schüler/innen lehren Schüler/innen

Habt ihr jüdische Bekannte, Mitschüler oder Mitschülerinnen? Vielleicht sind diese bereit, in eurer Religionsgruppe etwas über das Judentum, wie sie es kennen, zu erzählen. Überlegt euch im Vorfeld Fragen. Alternativ oder zusätzlich könnt ihr einen Projektplan »Einführung in das Judentum für Fünftklässler/innen« erstellen. Was möchtet ihr euren Mitschülerinnen und Mitschülern an einem Schultag über das Judentum beibringen?

Die Tora – Israels Erfahrung mit Gott

Höre, Israel! Jahwe*, unser Gott, Jahwe ist einzig. Darum sollst du den Herrn, deinen Gott, lieben mit ganzem Herzen, mit ganzer Seele und mit ganzer Kraft. Diese Worte, auf die ich dich heute verpflichte, sollen auf deinem Herzen geschrieben stehen. Du sollst sie deinen Söhnen wiederholen. Du sollst von ihnen reden, wenn du zu Hause sitzt und wenn du auf der Straße gehst, wenn du dich schlafen legst und wenn du aufstehst. Du sollst sie als Zeichen um das Handgelenk binden. Sie sollen zum Schmuck auf deiner Stirn werden. Du sollst sie auf die Türpfosten deines Hauses und in deine Stadttore schreiben.

Sch^{e}ma Israel (Dtn 6,4-9)

Juden mit einer Torarolle an der Jerusalemer Klagemauer

Die Sammlung der heiligen Bücher des Judentums heißt TeNaK (= *Tenach*) nach den Anfangsbuchstaben *Tora** (= Pentateuch, fünf Bücher Mose), *Nebiim* (= Propheten) und *Ketubim* (= Schriften).
Die Tora, aus deren Perspektive immer auch die anderen Schriften der hebräischen Bibel gelesen werden, hat das Judentum über Jahrtausende zusammengehalten. Beinahe alle Bereiche des Lebens werden durch Gebote, Gesetze und Vorschriften der Heiligen Schriften bestimmt. Dabei empfinden die Juden die Tora nicht als Last, sondern als Geschenk Gottes, weil sie Weisung und klare Orientierung bietet. Dies bezieht sich z. B. auf Essensvorschriften, Reinheitsgebote, die Beschneidung und Regelungen zum Sabbat. Aus diesem Verständnis heraus feiert man auch das Fest der Torafreude (*Simchat Tora*) sowie das so genannte Wochenfest *Schawuot*.

Ein junger Israeli schickt 2004 an seine christlichen Freunde in Deutschland eine Neujahrskarte mit folgendem Text:

Hier sieht man die Symbole von Rosch ha-Schana (wir schreiben jetzt das Jahr 5765): einen Granatapfel, weil man so viele gute Taten und Gebote erfüllen soll, wie er Kerne hat, nämlich angeblich genau 613, wie alle Gebote in unserer Tora (man sollte einmal die Kerne zählen) und einen Apfel mit Honig, damit es ein »süßes« Jahr wird.
Euch ein gutes Jahr! *Euer Daniel*

P.S. Übrigens soll euer »Rutsch« ins neue Jahr von unserem Rosch ha-Schana kommen!(?)

Gottes große Liebe

Als Israel jung war, gewann ich ihn lieb,
ich rief meinen Sohn aus Ägypten*.
Je mehr ich sie rief,
desto mehr liefen sie von mir weg.
Sie opferten den Baalen
und brachten den Götterbildern Rauchopfer dar …
Mit menschlichen Fesseln zog ich sie an mich,
mit den Ketten der Liebe.
Ich war da für sie wie die (Eltern),
die den Säugling an ihre Wangen heben.
Ich neigte mich ihm zu und gab ihm zu essen.
Doch er muss wieder zurück nach Ägypten,
Assur wird sein König sein;
denn sie haben sich geweigert umzukehren.
Das Schwert wird in seinen Städten wüten;
es wird seinen Schwätzern den Garaus machen
und sie wegen ihrer Pläne vernichten.
Mein Volk verharrt in der Treulosigkeit;
sie rufen zu Baal,
doch er hilft ihnen nicht auf.
Wie könnte ich dich preisgeben, Efraim,
wie dich aufgeben, Israel? …
Mein Herz wendet sich gegen mich,
mein Mitleid lodert auf.
Ich will meinen glühenden Zorn nicht vollstrecken
und Efraim nicht noch einmal vernichten.
Denn ich bin Gott, nicht ein Mensch,
der Heilige in deiner Mitte.
Darum komme ich nicht in der Hitze des Zorns.

Hos 11,1-9

Die Tora – Zeichen des Bundes mit Gott

Zentrale Bedeutung innerhalb der Tora kommt dem Bundesgedanken zu (vgl. den Schöpfungsbund, Gen 9, den Bund mit Abraham, Gen 17, oder den Bund mit Mose, Ex 19). Während der hier abgedruckte Text Hos 11,1-9 von Jahwes bedingungsloser Treue spricht, verweist z. B. das fünfte Buch der Tora, das Deuteronomium, darauf, dass Fluch und Segen für Israel auch von dessen Vertragstreue abhängen (vgl. Dtn 5 – 28). Doch auch dort wird letztlich betont, dass Jahwe an seiner Bundestreue selbst bei Vertragsbruch durch das Volk festhält (vgl. Dtn 29 – 30).

- Was wird im *Schᵉma Israel* beschrieben?
- Welche Grundstimmung vermittelt das Bild von Siegbert Hahn im Zusammenhang mit den biblischen Texten?
- Tragt Neujahrs- und andere Festtagskarten bei uns zusammen und untersucht mögliche religiöse Bezüge. Wo findet ihr Entsprechungen bei Juden und Christen?
- Vergleicht die drei im Text oben rechts genannten Bundesschlüsse miteinander: In welchem Kontext wurden sie geschlossen und wer sind die »Vertragspartner«? Welches sind die »Bundeszeichen« und wie lauten die Verheißungen bei Erfüllung des Bundes? Erinnert euch, was ihr in den unteren Jahrgangsstufen zu den Themen »Schöpfung«, »Abraham« und im ersten Kapitel dieses Buchs über »Mose« erfahren habt.

Weisungen der Tora – Orientierung für den Alltag

Gedenke des Sabbats: Halte ihn heilig! *Ex 20,8*

Die Erfindung des Ruhetags ist ... eine rein jüdische Sache und war, vor rund 4000 Jahren, eine wahre Revolution ... Viele Menschen glauben, dass der Schabbat ein Tag voller Restriktionen ist, durch die ihnen das Leben schwergemacht wird. Nichtjuden, aber auch viele nichtreligiöse Juden finden es unverständlich, dass man am Schabbat nicht Auto fahren darf, dass man kein Licht machen, nicht kochen, nicht fernsehen, nicht Radio hören, nicht am Computer sitzen darf, um nur einige Beispiele zu nennen. All diese Dinge fallen unter den Begriff »Arbeit«, und vor allem die ist am Schabbat strengstens untersagt. Was heißt aber für einen Juden Arbeit? ... Um die Verwirrung für den Augenblick vollends perfekt zu machen: Während man am Schabbat keinen Kinderwagen auf der Straße schieben darf, ist es gleichzeitig erlaubt, sämtliche Bücher daheim aus den Regalen zu holen und sie, sagen wir mal, auf der gegenüberliegenden Wand in andere Regale hineinzustellen. Das kann eine ziemlich schweißtreibende Angelegenheit sein. Und das soll keine Arbeit sein?

Unter dem Begriff »Arbeit« versteht das Judentum alles, was einen unmittelbaren Eingriff in die physikalische Welt bedeutet, einen Eingriff, der die Dominanz des Menschen über die Welt repräsentiert. So ist es am Schabbat auch verboten, eine Blume zu pflücken oder ein Streichholz anzuzünden ... Der Schabbat ist eine Erinnerung an den Schöpfungsakt Gottes ... Im fünften Buch Mose* (Dtn 5,15) klingt ein weiteres Motiv des Schabbat an: Die Erinnerung an die Befreiung aus der Sklaverei ... Im Zeitalter des Workaholismus aber ist die Idee des Schabbat noch revolutionärer, als sie zur Zeit ihrer Erfindung gewesen sein mag. Wir alle kennen doch diesen Zwang, ununterbrochen etwas tun zu müssen. Termindruck, Verpflichtungen, Verantwortungsgefühl, finanzielle Notwendigkeiten – mit solchen Begriffen umschreiben wir gerne die Zwänge, denen wir tagtäglich ausgesetzt sind und die uns gar keine andere Wahl zu lassen scheinen, als sieben Tage die Woche zu arbeiten. Auch wenn es schon lange die Fünftagewoche gibt, »müssen« viele am Samstag (in der christlichen Welt am Sonntag) noch irgendwas machen: Steuererklärung oder Buchhaltung oder putzen oder reparieren oder, ganz banal, Einkäufe tätigen ... Das jüdische Schabbat-Gebot sagt dazu schlicht: Nein. Kommt nicht in Frage. Mach dich nicht zum Sklaven irgendeines Götzen ... Der Schabbat ist also eine Form des Protestes gegen Unterdrückung und Unterjochung.

Man könnte auch sagen: Der Schabbat ist eine Auflehnung gegen jegliche Form der Fremdbestimmung ... Schabbat ist in jeder Hinsicht ein Luxus.

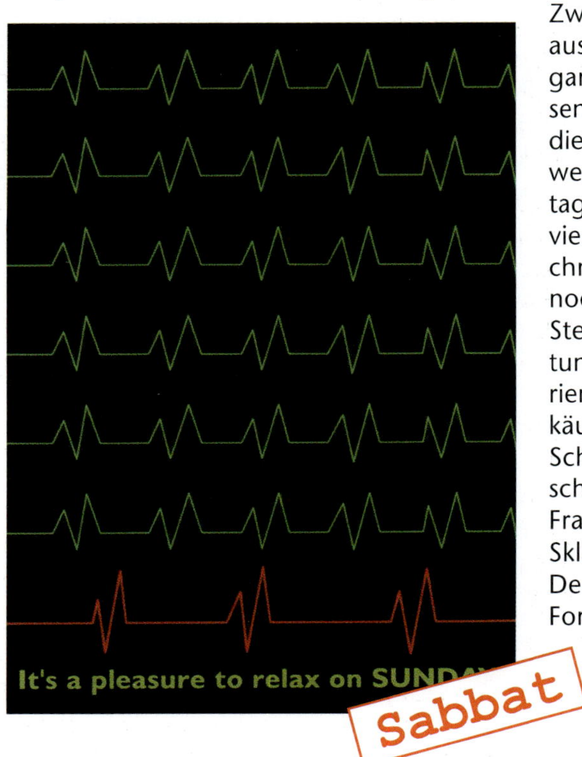

Paul Spiegel (1937-2006), Präsident des Zentralrats der Juden*

- ► Setzt euch mit den Thesen Paul Spiegels über den Sabbat auseinander.
- ► Entwerft eine Werbe-Postkarte für den Sonntag und stellt Aktivitäten zusammen, die Christen am Sonntag unterlassen sollten.

Koscher essen im Alltag

Das Junge einer Ziege sollst du nicht in der Milch seiner Mutter kochen. *Ex 23,19*

Die *Kaschrutgesetze* (jüdische Speiseregeln) sind zunächst religiös begründet. Die Tora* wird mit ihren Weisungen als Geschenk Gottes angenommen und erfüllt. Daneben haben die Kaschrutgesetze aber auch hygienische Ursachen. Ziel ist es ferner, die Zahl der für die Nahrung erlaubten und zur Tötung freigegebenen Tiere zu reduzieren und eine Abscheu vor Blutvergießen zu bewirken. Auch soll der Akt des Essens über das tierhafte Niveau erhoben werden. Ferner soll die Kaschrut die Selbstdisziplin des Einzelnen und das Zusammengehörigkeitsgefühl der Gemeinde stärken.

Jakob aus Bayern fragt Neta aus Israel:

Ich habe gehört, dass man als Jüdin oder Jude viele Speisen nicht essen darf. Bekommt man in Israel solche Allerweltsgerichte wie Pizza Salami mit Mozzarella, Spagetti frutti di mare, Lasagne, Cordon Bleu oder Hühnchen in Rahmsoße überhaupt?

Wenn ein Restaurant das Schild »Nicht koscher« am Eingang hat, kannst du vieles bekommen, was man bei euch auch isst. Es gibt auch Juden, die nicht unbedingt streng auf die Kaschrut achten. Viele Juden allerdings halten sich sehr wohl an die koschere Küche.

Was ist denn überhaupt »koscher«?

Das ist nicht ganz unkompliziert. Ein paar Grundregeln kann ich dir aber sagen: Koscher ist nur Fleisch von Wiederkäuern mit gespaltenen Hufen, also auf keinen Fall Schweinefleisch. Tiere, die auf dem Boden kriechen, sind ebenfalls nicht koscher, also z. B. Schlangen, Würmer, Eidechsen und Schnecken.

Dürft ihr also nur bestimmtes Fleisch nicht essen?

Nein, gewisse Speisekombinationen sind ebenfalls tabu. So dürfen Milch und Fleisch nicht zugleich gegessen werden. Auch ein Cappuccino unmittelbar nach dem Lammbraten und bestimmte Nachspeisen sind nicht erlaubt. Für die Aufbewahrung und Zubereitung von Milch und Fleisch müssen getrennte Gefäße und Geräte benutzt werden.

Und wie steht's mit Fischgerichten?

Fische sind nur dann koscher, wenn sie sowohl Flossen als auch Schuppen haben; sie erfordern dann keine rituelle Schlachtung. Nicht koscher sind dagegen Schalentiere wie z. B. Muscheln, Krabben etc.

Und Süßigkeiten?

Fette von nicht-koscheren Tieren sowie Blut sind für Juden tabu, daher auch manche Süßigkeiten mit Gelatine wie etwa Gummibärchen, wenn sie nicht ausdrücklich als »koscher« gekennzeichnet sind.

Du erwähntest vorher schon die »rituelle Schlachtung«. Was heißt das?

Vieh, Wild und Geflügel müssen nach ritueller Vorschrift geschlachtet, d. h. geschächtet werden: Ein speziell ausgebildeter Schlachter, der *Schochet*, durchtrennt mit einem scharfen, schartenfreien Messer Halsschlagader, Luft- und Speiseröhre der Tiere in einem Zug. Diese Technik führt für gewöhnlich den Tod binnen drei bis vier Sekunden herbei. Damit soll das möglichst rückstandslose Ausbluten des Tieres ermöglicht werden, da ja der Genuss von Blut verboten ist.

- ► Besorgt euch verschiedene Speisekarten und streicht nicht-koschere (*trefe*) Gerichte bzw. variiert sie zu »koscheren« um.
- ► In Röm 14 setzt sich Paulus mit Speisevorschriften auseinander. Prüft seine Argumente und mögliche jüdische Gegenargumente.
- ► Informiert euch (im Internet z. B. bei Wikipedia) über die Rechtslage des Schächtens in Deutschland. Diskutiert auf dieser Basis, ob man Juden und Muslimen in Deutschland das Schächten von Tieren verbieten sollte.

Wichtige Feste im jüdischen Jahr

Der Herr sprach zu Mose: Rede zu den Israeliten und sag zu ihnen: Die Feste des Herrn, die ihr als Tag heiliger Versammlung ausrufen sollt, sind folgende ... *Lev 23,1f.*

Pessach, das Fest der Befreiung aus der Knechtschaft

Pessach ist eines der wichtigsten Feste im jüdischen Jahreskreis und war einst ein Frühjahrsfest der Nomaden, das man anlässlich des Aufbruchs zu neuen Weidegründen beging. Seit dem Auszug der Israeliten aus Ägypten wird es als Aufbruchsfest aus der ägyptischen Knechtschaft in die Freiheit gefeiert (Ex 12,1-28: Einsetzung des *Pessach*-Festes). Höhepunkt des Festes ist ein Familiengottesdienst am *Seder*-Abend mit einer festlichen Mahlzeit in festgelegter, feierlicher Ordnung (= *Seder*).
Da Jesus nach den Synoptikern mit seinen Jüngern beim letzten Abendmahl *Pessach* feierte und da Paulus in 1 Kor 5,7 Christus unser »Paschalamm« nennt, hat das christliche Osterfest auch einen tiefen Bezug zum jüdischen *Pessach*-Fest.

Der **jüdische Festkreis** verknüpft zwei Orientierungslinien miteinander: Einerseits spiegelt er den Naturkreislauf und das damit verbundene bäuerliche Brauchtum wider, andererseits werden wichtige Ereignisse aus der Geschichte des Volkes Israel vergegenwärtigt. Zu beachten ist dabei, dass das jüdische Jahr nach dem Mondkalender mit entsprechenden Schaltmonaten ausgerichtet ist, d. h., der Monat fängt mit dem Neumond an. In Lev 23 werden zentrale Festordnungen und Feiervorschriften gegeben.

September/Oktober

Rosch ha-Schana
Neujahr
(vgl. Lev 23,24; Num 29,1)

September/Oktober

Jom Kippur
Versöhnungstag
(vgl. Lev 16; 23,26-32)

September/Oktober

Sukkot
Laubhüttenfest
(vgl. Lev 23,39-43)

September/Oktober

Simchat Tora
Fest der Tora-Freude

Dezember

Chanukka
Lichterfest/
Wiedereinweihung des Tempels
(1 Makk 4,52-59; 2 Makk 10,1-8)

März

Purim
Losfest
(vgl. Ester)

April

Pessach
Fest der ungesäuerten Brote
(Ex 12,1-28)
Shoa*-Gedenktag

Juni

Schawuot
Wochenfest, Erntedank und Dank für die Tora*
(vgl. Lev 23,15-22; Dtn 16,9-12)

Juli

Erinnerung an die Zerstörung des Jerusalemer Tempels
(70 n. Chr.)

Mein Jahr in Jerusalem – Impressionen einer Abiturientin

Kaum zu fassen, aber ich bin da!
So beginnt die erste Seite meines Tagebuchs.
Datum: 18. September 2000,
Ort: Jerusalem – Jerusalem, die heilige Stadt, von der ich schon so viel gehört hatte. Ja, jetzt war ich tatsächlich da und meine Zeit als Volontärin in Israel konnte beginnen!
Am vierten Tag meines Aufenthalts begann ich meine Arbeit. Meine Aufgabe war es, mich zusammen mit anderen Freiwilligen aus der ganzen Welt und israelischen Angestellten um fünf schwerstbehinderte junge Menschen zu kümmern, die an einer frühkindlichen Gehirnschädigung litten. Sie waren körperlich und geistig stark zurückgeblieben und hilflos wie kleine Kinder. Dementsprechend bestanden meine pflegerischen Aufgaben in Wickeln, Essengeben, Duschen, medikamentöser Behandlung und vor allem auch in Beschäftigung. Ich lebte mit den vier Jungen Naftali, Ury, Dudu und Boaz sowie dem Mädchen Revital zusammen in einer Wohngemeinschaft der Behinderteneinrichtung *AKIM*. Boaz stammte aus einer orthodoxen Familie. So hielten wir alles koscher, hielten »Fleischiges« und »Milchiges« (und zugehöriges Koch- und Essgeschirr) streng getrennt und feierten natürlich auch die jüdischen Feste. Besonders gut ist mir noch *Sukkot* in Erinnerung, das Laubhüttenfest. Wir hatten sogar unsere eigene *Sukka* (Laubhütte), in der wir viel Zeit mit unseren Schützlingen verbrachten. An *Purim* feierten wir zusammen mit den Kindern und ihren Eltern eine große Party, zu der alle verkleidet erschienen, und vor *Pessach* war großer Hausputz angesagt – Frühjahrsputz sozusagen. Alles musste von jeglichen Brot- und Mehlresten gereinigt werden, neues Kochgeschirr wurde angeschafft, die Wände wurden neu gestrichen und zum Schluss wurden noch die Kochstelle und der Kühlschrank schön säuberlich in Alufolie verpackt – für den Fall, dass sich doch noch ein Krümelchen irgendwo versteckt haben sollte. Eine israelische Kollegin erzählte mir, dass in vielen jüdischen Familien zum Abschluss des Putzens ein Brauch durchgeführt wird: Die Eltern verstecken einen Brotkrümel in einer Ecke des Hauses. Nachdem die Kinder auch diesen letzten Brotüberrest entdeckt haben, wird er feierlich verbrannt, das Haus gilt als vollkommen gereinigt und das *Pessach*-Fest kann beginnen.
Es war dieses Begehen der Feste und die damit verbundenen Rituale, die mich unter anderem am Judentum so sehr faszinierten. Selbst in nicht sehr religiösen Familien sind sie nicht in Vergessenheit geraten und werden feierlich begangen.

Alexandra Hühn

Ausflug in die Altstadt von Jerusalem

- In welchen Monaten gibt es Berührungspunkte zwischen christlichen und jüdischen Festen? Stellt einen Zusammenhang her.
- Warum sollten Christen zwar wissen, was das *Pessach*-Fest bedeutet und wie es gefeiert wird, aber warum sollte man es z. B. in der Schule nicht »nachfeiern«? Tragt Argumente zusammen.
- Welche christlichen Feste feiert ihr noch innerhalb der Familie nach fester Ordnung? Erzählt über den Ablauf eines solchen Festes.
- Informiert euch mithilfe der Internetseite haGalil, warum an Purim eine große »Party« gefeiert wird und wie sich die Kinder an diesem Tag verkleiden.

Israel, ...

Eckdaten in der Geschichte Jerusalems

ca. 1000 v. Chr.
David* erobert Jerusalem
Überführung der Bundeslade
➡ Hauptstadt des Reiches

ca. 960 v. Chr.
erster Tempelbau durch König Salomo

586 v. Chr.
Zerstörung der Stadt und des Tempels durch die Babylonier

ab ca. 530 v. Chr.
Wiederaufbau des Tempels

ca. Zeitenwende
Renovierung und Erweiterung des Tempels durch Herodes

70 n. Chr.
Zerstörung der Stadt und des Tempels durch die Römer

4. Jahrhundert
Spirituelles Zentrum des Christentums
➡ 335 Bau der Grabeskirche

614
Eroberung durch die Perser
➡ Zerstörung der Grabeskirche

638
Eroberung durch arabische Muslime
➡ 691 Vollendung des Felsendoms

... und der Herr zeigte ihm (Mose*) das ganze Land ... (und) sagte zu ihm:
Das ist das Land, das ich Abraham, Isaak und Jakob versprochen habe
mit dem Schwur: Deinen Nachkommen werde ich es geben.
Ich habe es dich mit deinen Augen schauen lassen.

Dtn 34,1-4

Mit der Zerstörung des Tempels in Jerusalem (70 n. Chr.) und der Niederschlagung des letzten Widerstands durch die Römer endet die Geschichte des jüdischen Volkes in Israel für fast 2000 Jahre. Juden durften nach dem gescheiterten Aufstand von Bar Kochba (132-135 n. Chr.) Jerusalem nicht mehr betreten und wurden vertrieben.
Viele Vertriebene wandten sich nach Babylon, wo sie unter den Parthern zu wirtschaftlichem Wohlstand gelangten. Unter Caracalla erhielten die Juden 212 n. Chr. wie alle übrigen Bewohner des Römischen Reiches das Bürgerrecht und ließen sich in allen Gebieten des Reiches, vor allem aber in Kleinasien, im Balkanraum, Nordafrika und Spanien nieder. Unter den christlichen Kaisern Konstantin, Theodosius und Justinian wurden sie jedoch wieder zu Bürgern minderen Rechts degradiert.

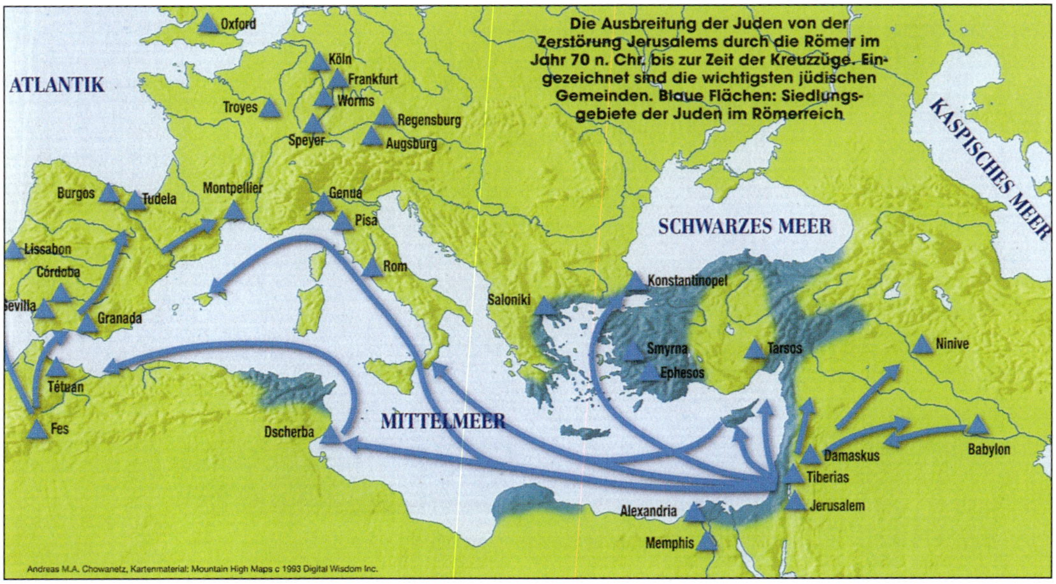

Die Geschichte der Juden in Europa ist durch die Jahrhunderte geprägt von Diskriminierung, Verfolgung und Vertreibung. Zwar gibt es z. B. im Zusammenhang mit Humanismus und Aufklärung auch Zeiten der Emanzipation und Gleichberechtigung, doch folgt im 20. Jahrhundert eine neue Phase der Judenverfolgung, die alle bis dahin gekannten Gräueltaten in den Schatten stellte: Sechs Millionen Menschen wurden während der Zeit des »Dritten Reichs« (1933-1945) ermordet und die jüdische Kultur in Mittel- und Osteuropa wurde nahezu ausgelöscht.

▶ In welchen Zusammenhängen fanden in Europa Judenverfolgungen statt. Was waren die Gründe?

... das Gelobte Land

Seit dem siebten Jahrhundert war Palästina mit kurzen Unterbrechungen unter muslimischer Herrschaft und Jerusalem entwickelte sich nach Mekka und Medina zur drittwichtigsten Stadt im Islam. Im 19. Jahrhundert waren 90 Prozent der Bevölkerung muslimische Araber.
Auch wenn das Land nur dünn besiedelt und arm war, entstanden durch die Staatsgründung Israels im Jahre 1948 viele Probleme und Konflikte in der Region, die bis heute nicht gelöst sind. Sie wurden ausgelöst durch die unterschiedlichen Religionen und Kulturen, die in dem Land aufeinandertreffen, sowie durch völkerrechtliche und religiös begründete Besitzansprüche auf Seiten der Juden wie der Araber.

»Wir waren schon immer hier.«

- ▶ Welches Satzzeichen würdet ihr hinter die Überschrift der Doppelseite setzen? Begründet eure Meinung.
- ▶ Vergleicht die Aussagen der Bibel (Gen 12 – 13; Ex 33; Jos 11,15-23; 2 Sam 5,1-12; 2 Sam 6) mit der aktuellen politischen Situation in Israel (vgl. die Landkarten oben; weitere lassen sich z. B. unter der Suchwort-Kombination »Palästina Karten« im Internet finden).
- ▶ Ergründet, welche Hindernisse der Lösung des palästinensisch-israelischen Konflikts entgegenstehen.
- ▶ Verfasst zur Karikatur »Wir waren schon immer hier« einen kurzen Dialog der »Streithähne«. Diskutiert die Problematik unter Einbezug des Gedenksteins aus der ehemaligen Synagoge in Merchingen (vgl. 35).

1099
Eroberung durch die Kreuzfahrer
➡ Wiederaufbau der Grabeskirche

1187
Eroberung durch Sultan Salah ad-Din

1228
Kaiser Friedrich II. erwirbt die Stadt von Ägypten*

1244
Besetzung durch türkische Mameluken

1517
Eroberung durch osmanische Türken

1917
Eroberung durch die britische Armee

1948
Gründung des Staates Israel
➡ Unabhängigkeitskrieg

1949
Teilung der Stadt: Ostteil zu Jordanien, Westteil zu Israel

1967
Sechstagekrieg: Eroberung der Altstadt durch Israel (Tempelberg mit Klagemauer)
Wiedervereinigung Jerusalems

Geschichte, die belastet

Obwohl die Jerusalemer Christengemeinde sich in den Anfangsjahren trotz der Pflege neuer Glaubenspflichten nicht vom Judentum getrennt sah, wurden sich Christen und Juden im Laufe der Zeit zunehmend fremder. Zu dieser Entfremdung trug bei, dass in den schnell wachsenden christlichen Gemeinden zunehmend auch Menschen nichtjüdischer Herkunft eine geistliche Heimat fanden und dass sich die Juden nach der Zerstörung des Jerusalemer Tempels im Jahre 70 n. Chr in alle Welt zerstreuten.

Wenn vom Verhältnis zwischen Christen und Juden die Rede ist, dürfen daher die schmerzhaften Belastungen einer langen Geschichte des Hasses und der Verfolgung nicht ausgeblendet werden.
So berichtet zwar das Neue Testament auch von Verfolgungen der christlichen Urgemeinde durch bestimmte jüdische Kreise (vgl. Apg 4 – 8), doch lieferten auch die im NT grundgelegten judenfeindlichen Motive (vgl. Mt 27,25; Joh 8,44; 1 Thess 2, 14-16) sowohl dem mittelalterlichen Antijudaismus* als auch dem späteren Antisemitismus willkommene Argumente für Ausgrenzung, Feindschaft und Hass.

Allegorische Darstellung der Kirche *(ecclesia)* am Straßburger Münster, um 1230

Der überwiegend religiös motivierte Antijudaismus des Mittelalters hatte katastrophale Auswirkungen. So kam es z. B. im Kampf des Christentums gegen den Islam während der Kreuzzüge (von 1095-1270) auch zu fanatischen Ausschreitungen gegen Juden, die wegen ihres Glaubens, das auserwählte Volk Gottes zu sein, wegen ihrer kultischen Bräuche und Riten immer mehr angefeindet wurden. Außerdem öffnete ein Gemisch aus ökonomisch, psychologisch und religiös motivierten Vorwürfen entsetzlichen Verunglimpfungen und Verfolgungen Tür und Tor. Zwar gab es – nicht zuletzt auf kirchlicher Seite – immer wieder Ansätze, Juden aus unterschiedlichen Motivationen unter Schutz zu stellen und den Dialog zwischen den Religionen zu suchen. Doch waren es auch kirchenrechtliche Maßnahmen (z. B. die Beschlüsse der Lateransynode von 1215) wie isolierende Kleidervorschriften für Juden, Untersagung öffentlicher Ämter, Ausgangsverbot an den Kartagen, Zwangssteuer an Ordensgeistliche etc., die der Diskriminierung und Verfolgung der Juden Vorschub leisteten.

- ▶ Untersucht, in welchem Zusammenhang die oben genannten neutestamentlichen Zitate zu sehen sind.
- ▶ Vergleicht in den Passionsgeschichten der Synoptiker die Rolle der Römer beim Prozess Jesu.
- ▶ Was sagt die Darstellungsweise der allegorischen Figuren »Ecclesia« und »Synagoga« am Straßburger Münster über das Verhältnis von Christen und Juden im Mittelalter aus?

Das Zusammenspiel von angeblich spezifisch jüdischen Charaktereigenschaften und daraus abgeleiteten Verhaltensweisen bildete im Lauf der Geschichte schon immer den Nährboden für Schuldzuweisungen und Angriffe.
Vielfach diffamierte man Juden als listig, wucherisch, verschlagen, betrügerisch, heuchlerisch, lügnerisch, frech, anmaßend, verblendet, verstockt, schrankenlos selbstsüchtig, grausam, sexuell zügellos und begierig. Man schimpfte sie »Gottesmörder« und Verdreher der Heiligen Schrift, die kleine Kinder kreuzigen und schlachten, um deren Blut zur Herstellung ihrer ungesäuerten Brote zu verwenden. Man warf Juden vor, konsekrierte Hostien zu schänden und aufzuspießen und – im Zusammenhang mit der Pest – die Brunnen zu vergiften. Daher wurden sie verfolgt, häufig zur Taufe gezwungen, mit Berufsverboten belegt, in Gettos gesperrt, ausgeplündert, nicht selten erschlagen und verbrannt.

Darstellung der so genannten »Judensau« am Frankfurter Brückenturm. Solche Darstellungen fanden bzw. befinden sich auch heute noch an zahlreichen christlichen Kirchen, so z. B. am Regensburger Dom, an der Stadtkirche Bayreuth, an St. Sebald in Nürnberg, an der Kirche zu Wittenberg u. a.

- Worin könnten die Vorwürfe des Handelns und Wucherns mit Geld begründet liegen?
- Welche Ziele verfolgen wohl die Anschuldigungen gegen die Juden im Mittelalter?
- Worin besteht das Diffamierende in den Judensau-Darstellungen? Nähere Informationen dazu erhaltet ihr auch auf der Homepage der Gesellschaft für Christlich-Jüdische Zusammenarbeit (Stichwort »Judensau«).

Schedelsche Weltchronik, 1493

Kampf um Gleichberechtigung

Büste auf Heines Grabmal auf dem Montmartre-Friedhof in Paris. Auf der Grabverkleidung steht das hier zitierte Gedicht.

Unter dem Einfluss der Aufklärung und der Französischen Revolution (1789-1799) sollte sich – trotz vereinzelter Rückschläge – eine Veränderung der rechtlichen Stellung der Juden im 18. und 19. Jahrhundert ergeben, die auf Emanzipation und Gleichstellung zielte. Dabei lassen sich verschiedene Entwicklungstendenzen erkennen: Während die einen versuchten, durch Anpassung in der Gesellschaft aufzugehen, etwa durch Konversion zum Christentum, suchten andere ihr Glück in der Emigration – vor allem nach Amerika.

Der Dichter *Heinrich Heine* (1797-1856) ist ein Beispiel für das Problem des deutschen Judentums seiner Zeit. Von ihm stammt das Wort von der Taufe als »Entréebillet zur europäischen Kultur«. Trotzdem blieben seine jüdische Geburt und sein jüdisches Selbstbewusstsein stets ein schicksalhaftes Hindernis im Zusammenhang mit seinem Deutschsein. So wurde dem Doktor der Jurisprudenz eine Staatsanstellung in Deutschland verwehrt. Heine siedelte 1831 nach Paris über und obwohl seine Schriften in den Staaten des Deutschen Bundes verboten wurden, avancierte er bald zu einem der meistgelesenen deutschen Dichter.

Wo wird einst des Wandermüden
Letzte Ruhestätte sein?
Unter Palmen in dem Süden?
Unter Linden an dem Rhein?

Werd ich wo in einer Wüste
Eingescharrt von fremder Hand?
Oder ruh ich an der Küste
Eines Meeres in dem Sand?

Immerhin! Mich wird umgeben
Gotteshimmel, dort wie hier,
Und als Totenlampen schweben
Nachts die Sterne über mir.

Heinrich Heine

► Forscht – auch in Zusammenarbeit mit dem Deutsch- und Geschichtsunterricht – nach weiteren deutsch-jüdischen Schicksalen wie dem von Heinrich Heine im 18. und 19. Jahrhundert.

Wir haben überall ehrlich versucht, in der uns umgebenden Volksgemeinschaft unterzugehen und nur den Glauben unserer Väter zu bewahren. Man lässt es nicht zu.
Vergebens sind wir treue und an manchen Orten sogar überschwängliche Patrioten, vergebens bringen wir dieselben Opfer an Gut und Blut wie unsere Mitbürger, vergebens bemühen wir uns, den Ruhm unserer Vaterländer in Künsten und Wissenschaften, ihren Reichtum durch Handel und Verkehr zu erhöhen. In unseren Vaterländern, in denen wir schon seit Jahrhunderten wohnen, werden wir als Fremdlinge ausgeschrien – oft von solchen, deren Geschlechter noch nicht im Lande waren, als unsere Väter schon da seufzten. Wer der Fremde im Lande ist, das kann die Mehrheit entscheiden; es ist eine Machtfrage, wie alles im Völkerverkehr …
Niemand ist stark oder reich genug, um ein Volk von einem Wohnort nach einem anderen zu versetzen. Das vermag nur eine Idee. Die Staatsidee hat wohl solch eine Gewalt. Die Juden haben die ganze Nacht ihrer Geschichte hindurch nicht aufgehört, diesen königlichen Traum zu träumen: »Übers Jahr in Jerusalem!« ist unser altes Wort. Nun handelt es sich darum zu zeigen, dass aus dem Traum ein tagheller Gedanke werden kann …
Wir sind ein Volk – der Feind macht uns ohne unseren Willen dazu, wie das immer in der Geschichte so war. In der Bedrängnis stehen wir zusammen und da entdecken wir plötzlich unsere Kraft, einen Staat, und zwar einen Musterstaat zu bilden.

Theodor Herzl

Solange im Herzen darinnen
ein jüdisches Fühlen noch taut,
solange gen Südost zu den Zinnen
von Zion ein Auge noch schaut.
Solange lebt die Hoffnung auf Erden,
die uns 2000 Jahre verband,
dass ein Freivolk wir wieder werden
in Zion, Jerusalems Land.

haTikvah – Die Hoffnung
(Nationalhymne Israels)

Im Jahre 1896 forderte der Wiener Jurist *Theodor Herzl* (1860-1904) in seinem Buch »Der Judenstaat« die Gründung eines Staates in Palästina, der zur Heimstätte des jüdischen Volkes werden solle. Herzl löste damit die Bewegung des Zionismus* aus. Ein Jahr später trat in Basel der erste »Zionistische Weltkongress« zusammen, um über die Möglichkeiten der Staatsverwirklichung zu beraten. Doch erst 51 Jahre später, am 14. Mai 1948 konnte der Staat Israel von *David Ben Gurion* (1886-1973) proklamiert werden. Ben Gurion war dann auch der erste Ministerpräsident des Landes. Bereits in Basel wurde *haTikvah* (*hebr.* = die Hoffnung) zur jüdischen Hymne erklärt. Der Text stammt von Naphtali Herz Imber (1856-1909), die Melodie soll einer alten Volksweise aus Böhmen nachempfunden worden sein.

Der siebenarmige Leuchter *(Menora)*, der von Olivenzweigen als Ausdruck der Friedenssehnsucht umkränzt ist, wurde zum Emblem des Staates Israel.
Die Menora ist ein Zeichen für den Glauben an Gott und sein Schöpfungswerk und erinnert an den Leuchter, den es im Jerusalemer Tempel gab (vgl. Ex 25,31-39).

Der 1934 aus Deutschland emigrierte jüdische Bildhauer Benno Elkan schuf eine fünf Meter hohe Menora aus Bronze, die England dem Staat Israel schenkte und heute vor dem israelischen Parlament, der Knesset, in Jerusalem steht. Sie stellt auf 29 Bildfeldern die Geschichte des Judentums bis zur Gründung des Staates Israel dar.

- Welche Argumente führt Theodor Herzl an, für einen eigenen Staat einzutreten?
- Warum hat es noch bis 1948 gedauert, bis sein »königlicher Traum« in Erfüllung ging?
- Informiert euch über die Anfangsjahre des Staates Israel und den ersten Premierminister David Ben Gurion.
- Zeichnet die Entwicklungslinien der so genannten Kibbuz-Bewegung in Israel nach.

»Das Vergessenwollen verlängert das Exil, ...

Im 20. Jahrhundert führte der Judenhass der nationalsozialistischen Diktatur mit der systematischen, fabrikmäßigen Vernichtung von ca. sechs Millionen Juden zu einem in der Menschheitsgeschichte beispiellosen Massenmord. Der Antisemitismus* diente den Machthabern des »Dritten Reiches« als Erklärungsmuster für alle nationalen, sozialen und wirtschaftlichen Verwerfungen in Deutschland seit dem verlorenen Ersten Weltkrieg. Dabei muss aber beachtet werden, dass bereits bestehende ideologische Linien der Judenfeindschaft aufgegriffen und mit radikaler, fanatischer Konsequenz zu Ende geführt wurden.

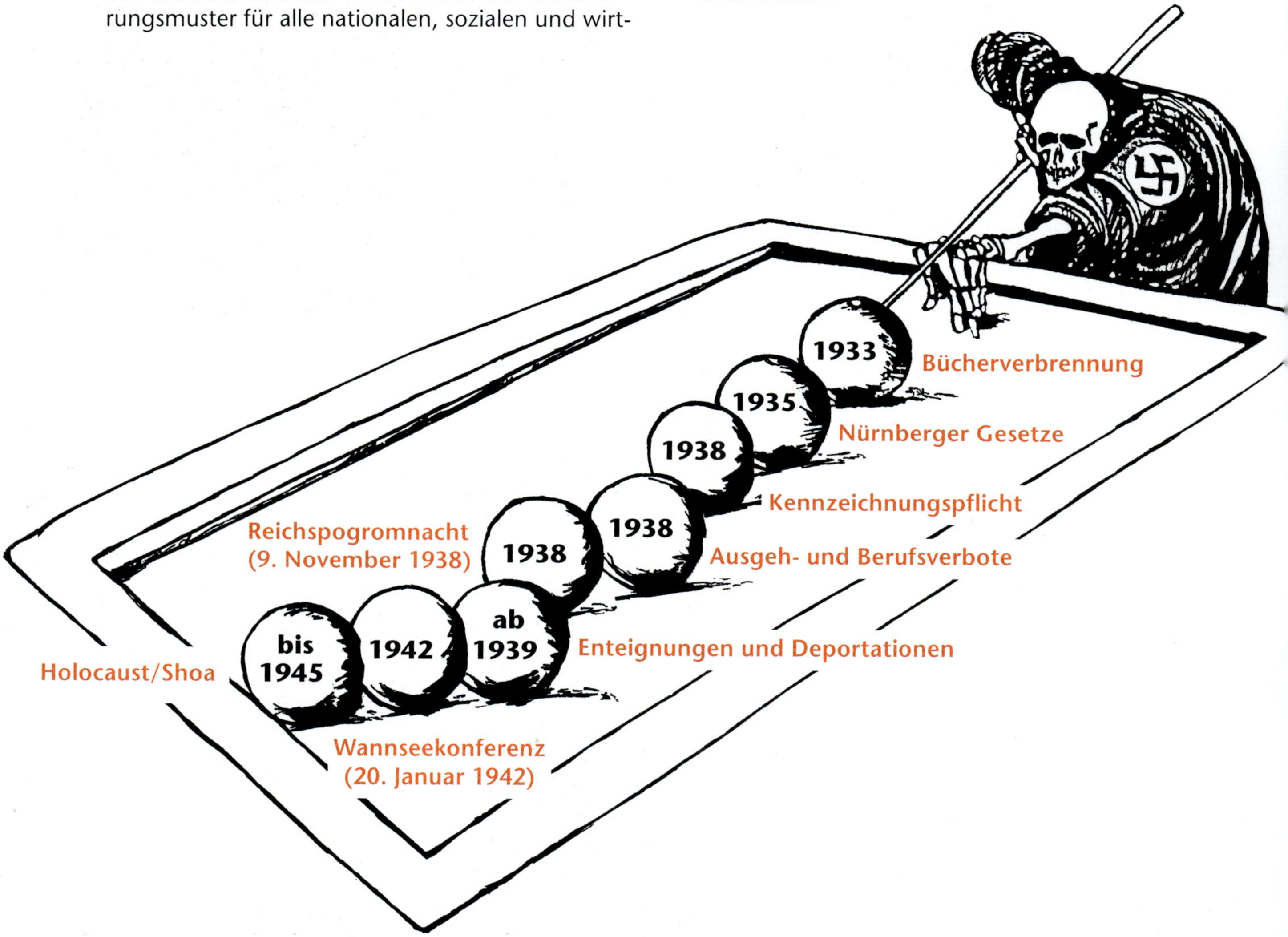

- ► Die Überschrift ist ein häufig verwendetes Zitat aus der jüdischen Mystik des 18. Jahrhunderts. Begründet – auch vor dem Hintergrund eigener Erfahrungen – die Notwendigkeit des Sich-Erinnerns.
- ► Informiert euch über die angegebenen Daten und Begriffe des »tödlichen Billard-Spiels«.
- ► Arbeitet heraus, wie v. a. religiöse, politische und rassistische Stereotypen miteinander vermengt wurden.
- ► Sammelt Material über Menschen, die sich für Juden einsetzten.

... das Geheimnis der Erlösung heißt Erinnerung«

Waggon der Deutschen Reichsbahn in Yad Vashem

Mahnmal von Nandor Glid in Yad Vashem, Jerusalem

Logo zum 50-jährigen Bestehen der Holocaust-Gedenkstätte Yad Vashem in Jerusalem

Antijüdische Hetze aus einem Kinderbuch von 1936

- Stellt zwischen den Abbildungen einen Zusammenhang her, indem ihr vor allem symbolische Elemente beschreibt.
- Informiert euch auf der Homepage von Yad Vashem über die israelische Holocaust*-Gedenkstätte in Jerusalem.
- Worauf sollte bei der Vorbereitung des Besuches einer KZ-Gedenkstätte besonders geachtet werden? Überlegt euch Ausdrucksformen eines würdigen Erinnerns.

Jesus, der Jude

Nicht allen Christen ist bewusst, dass Jesus (= griechische Form des jüdischen Namens Jeschua) von Nazaret Jude war und schon deshalb das Christentum mit dem Judentum verbunden ist. Das Neue Testament beschreibt ihn als Sohn einer jüdischen Mutter, der »dem Gesetz unterstellt« (Gal 4,4) war und in Galiläa aufwuchs. Durch die Beschneidung (Lk 2, 21-24) wurde er in den Bund mit Abraham ins Volk Israel aufgenommen und genoss eine jüdische Erziehung. Dazu gehörte auch eine Unterweisung in den biblischen Schriften des Alten Testaments, den jüdischen Gebetsriten* und der Geschichte Israels. Die Perikope vom Zwölfjährigen im Tempel kann wohl als Hinweis darauf genommen werden, dass er *Bar-Mizwa** feierte und somit der Pflicht unterlag, unter der Tora* Israels zu leben, sie zu halten und zu erfüllen.
Als Jesus als Erwachsener in der Öffentlichkeit und in den Synagogen auftrat, wurde er als *Rabbi* angesehen. Jesus zog wohl zu den großen jüdischen Wallfahrtsfesten – *Pessach, Schawuot, Sukkot* – nach Jerusalem. Er feierte mit seinen Jüngern das *Pessach*-Mahl, hielt die Speisegebote und betete die jüdischen Gebete*.
Wenngleich das Wirken Jesu durchaus in der pharisäischen und rabbinischen Tradition zu sehen ist, so geriet er doch v. a. durch seine Heilungen am Sabbat in Konflikt mit frommen Mitjuden: Der Sabbat versinnbildlicht für diese die Vollendung der Schöpfung und die kommende Heilszeit. Deshalb soll er ein Tag der uneingeschränkten Freude sein und durch nichts getrübt werden. Auch das Leid der Welt soll an diesem Tag niemanden belasten. Wenn sich Jesus nun am Sabbat den Leidenden zuwandte, so missachtete er in ihren Augen dieses Anliegen und damit das Sabbatgebot.
Überhaupt nahm Jesus im Judentum eine Sonderstellung ein, die in der Andersartigkeit seiner ganzen religiösen Grundhaltung bestand: Da sein Auftreten auch prophetische Züge trug – er sammelte einen Jüngerkreis um sich, nahm die Kritik der Propheten* des Alten Testaments auf und führte sie weiter –, fürchteten die politischen Machthaber eine Destabilisierung der gesellschaftlichen Verhältnisse und die religiösen Führer einen Autoritätsverlust, da sie in Jesus ihre Vorstellungen vom Erlöser nicht verwirklicht sahen. Aber auch seine eigenen Anhänger konnten den Weg Jesu nicht immer verstehen (vgl. Lk 18, 31-34).

Die Heilung eines Wassersüchtigen am Sabbat

Als Jesus an einem Sabbat in das Haus eines führenden Pharisäers zum Essen kam, beobachtete man ihn genau. Da stand auf einmal ein Mann vor ihm, der an Wassersucht litt.
Jesus wandte sich an die Gesetzeslehrer und die Pharisäer und fragte: Ist es am Sabbat erlaubt zu heilen, oder nicht? Sie schwiegen. Da berührte er den Mann, heilte ihn und ließ ihn gehen.
Zu ihnen aber sagte er: Wer von euch wird seinen Sohn oder seinen Ochsen, der in den Brunnen fällt, nicht sofort herausziehen, auch am Sabbat? Darauf konnten sie ihm nichts erwidern.

Lk 14,1-6

- Welches Verhältnis Jesu zum jüdischen Gesetz kommt in Lk 14,1-6 zum Tragen? Sucht weitere Situationen, in denen Jesus in Konflikt mit den Pharisäern und Schriftgelehrten gerät, und ergründet die Ursachen.
- Vergleicht das Vaterunser mit dem Achtzehngebet (*Sch^{e}mone Esre*). Den Wortlaut findet ihr auf der Internetseite haGalil.
- Welche Grundhaltung Jesu zum Gesetz bringen die Antithesen der Bergpredigt (Mt 5,21-48) zum Ausdruck?

Michael Mathias Prechtl, 1978/79

Christus kann gar kein Jude gewesen sein. Das brauche ich erst gar nicht wissenschaftlich beweisen. Das ist so!

Joseph Goebbels

Das Christentum ist die einzige Weltreligion, deren Stifter zeitlebens einer anderen Religion angehört hat.

Pinchas Lapide

Der Glaube Jesu einigt uns, aber der Glaube an Jesus trennt uns.

Schalom Ben-Chorin

- ► Mit welchen Motiven und Symbolen arbeitet der Maler des hier abgedruckten Bildes? Welchen Titel würdet ihr dem Bild geben?
- ► Was könnte Jesus wohl in der Biografie über sich lesen, wenn der Verfasser jeweils ein Jude bzw. ein Christ ist?

Christliches Nachdenken

Im Bewusstsein des Erbes, das sie mit den Juden gemeinsam hat, beklagt die Kirche, die alle Verfolgungen gegen irgendwelche Menschen verwirft, nicht aus politischen Gründen, sondern auf Antrieb der religiösen Liebe des Evangeliums alle Hassausbrüche, Verfolgungen und Manifestationen des Antisemitismus*, die sich zu irgendeiner Zeit und von irgendjemandem gegen die Juden gerichtet haben.

Aus der Erklärung der Kirche über das Verhältnis zu den nichtchristlichen Religionen »Nostra Aetate 4« des Zweiten Vatikanischen Konzils (1962-1965)*

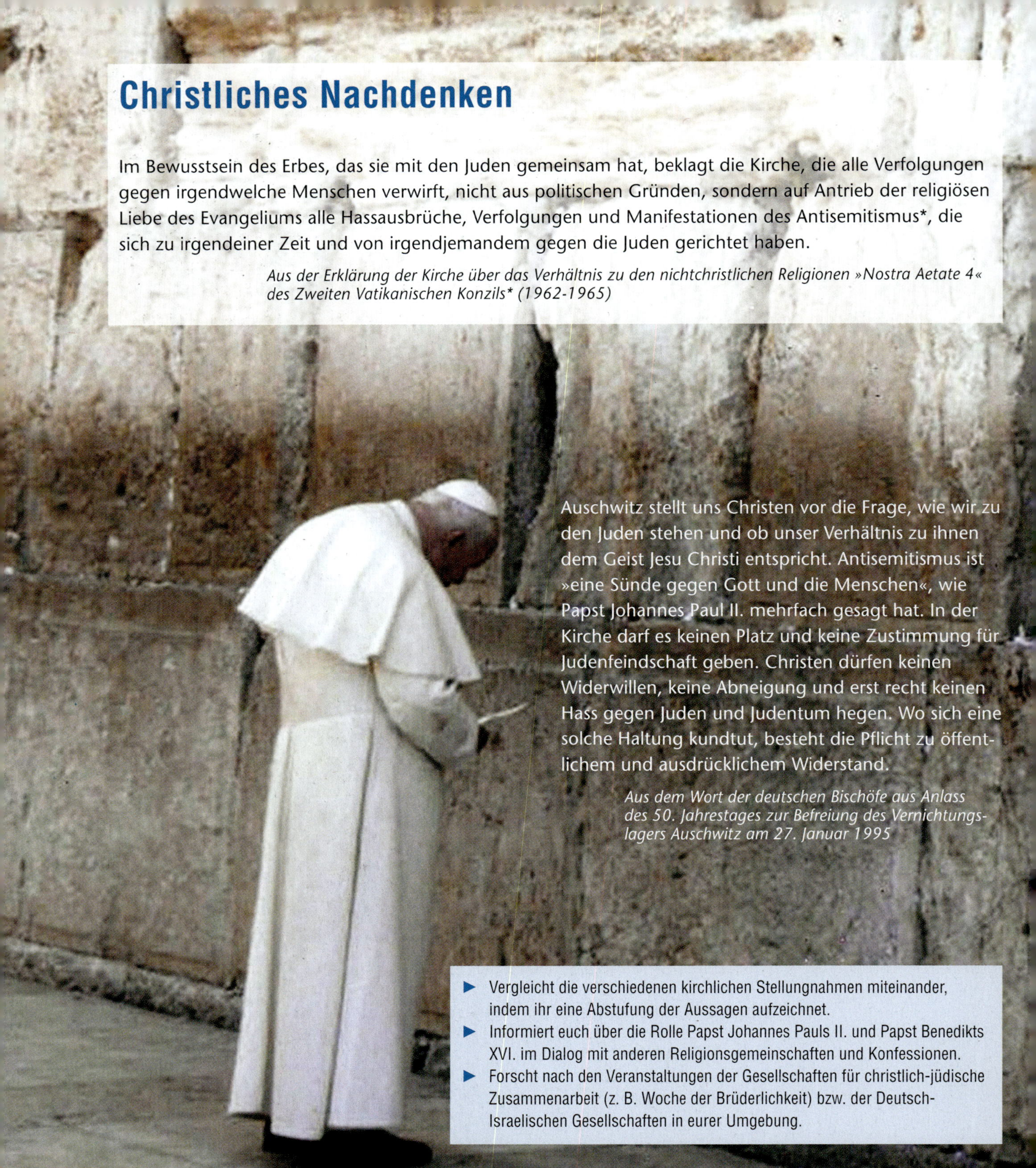

Auschwitz stellt uns Christen vor die Frage, wie wir zu den Juden stehen und ob unser Verhältnis zu ihnen dem Geist Jesu Christi entspricht. Antisemitismus ist »eine Sünde gegen Gott und die Menschen«, wie Papst Johannes Paul II. mehrfach gesagt hat. In der Kirche darf es keinen Platz und keine Zustimmung für Judenfeindschaft geben. Christen dürfen keinen Widerwillen, keine Abneigung und erst recht keinen Hass gegen Juden und Judentum hegen. Wo sich eine solche Haltung kundtut, besteht die Pflicht zu öffentlichem und ausdrücklichem Widerstand.

Aus dem Wort der deutschen Bischöfe aus Anlass des 50. Jahrestages zur Befreiung des Vernichtungslagers Auschwitz am 27. Januar 1995

- Vergleicht die verschiedenen kirchlichen Stellungnahmen miteinander, indem ihr eine Abstufung der Aussagen aufzeichnet.
- Informiert euch über die Rolle Papst Johannes Pauls II. und Papst Benedikts XVI. im Dialog mit anderen Religionsgemeinschaften und Konfessionen.
- Forscht nach den Veranstaltungen der Gesellschaften für christlich-jüdische Zusammenarbeit (z. B. Woche der Brüderlichkeit) bzw. der Deutsch-Israelischen Gesellschaften in eurer Umgebung.

Unser Volk hat lange gebraucht, um sich der Verantwortung für das monströse Verbrechen zu stellen, das von Deutschen und im deutschen Namen begangen wurde. Bis heute sind Mechanismen der Verdrängung wirksam. Zweifellos ist es richtig, die Vorstellung einer Kollektivschuld abzulehnen. Wahr ist aber auch, dass sich weit mehr Deutsche persönlich schuldig gemacht haben, als ihre Mitschuld einzugestehen bereit waren. Schuld tragen nicht allein die Täter vor Ort und die politische Führung. In verschiedenem Grad haben auch die Mitläufer und alle diejenigen, die weggesehen haben, Mitschuld auf sich geladen. Dabei wissen wir sehr wohl, welchem Druck die Bevölkerung damals ausgesetzt war, wir kennen das Ausmaß staatlicher Desinformation und die Wirksamkeit der Methoden von Einschüchterung und Verängstigung. Überheblichkeit im Urteil ist uns deshalb nicht gestattet. Dennoch bleibt unserem Volk das Eingeständnis zugemutet, dass Auschwitz auch deshalb möglich wurde, weil zu wenige den Mut zum Widerstand hatten. Die Frage von Mitverantwortung stellt sich auch unserer Kirche. Wir sind gehalten, uns über eine lange Tradition des Antijudaismus* unter den Christen und in unserer Kirche Rechenschaft abzulegen.

Aus der Erklärung der deutschen Bischöfe aus Anlass des 60. Jahrestages der Befreiung des Vernichtungslagers Auschwitz am 27. Januar 2005

Lass die Christen der Leiden gedenken, die dem Volke Israel in der Geschichte auferlegt wurden […] Gott unsrer Väter, du hast Abraham und seine Nachkommen auserwählt, deinen Namen zu den Völkern zu tragen: Wir sind zutiefst betrübt über das Verhalten aller, die im Laufe der Geschichte deine Söhne und Töchter leiden ließen. Wir bitten um Verzeihung und wollen uns dafür einsetzen, dass echte Brüderlichkeit herrsche mit dem Volk des Bundes. Darum bitten wir durch Christus unseren Herrn.

Aus dem Schuldbekenntnis des Pontifikalgottesdienstes von Papst Johannes Paul II. am 12. März 2000 in St. Peter in Rom

Korczak und die Kinder

Der polnische Kinderarzt, Schriftsteller und Pädagoge Janusz Korczak gilt im modernen Judentum als »Gerechter«. Korczak war Leiter eines jüdischen und eines christlichen Waisenhauses in Warschau mit bahnbrechenden pädagogischen Leitlinien, die auf dem Recht des Kindes auf Achtung und Liebe gründeten. Als die etwa 200 Kinder seines jüdischen Waisenhauses im August 1942 von der SS zum Abtransport in das Vernichtungslager Treblinka abgeholt wurden, schlug Korczak mehrere Angebote seiner persönlichen Rettung aus, weil er die Kinder nicht im Stich lassen wollte. Vermutlich am 5. August 1942 wurde er von den Nationalsozialisten ermordet.

Itzchak Belfer, 2003

Sechsunddreißig Gerechte

halten im Gleichgewicht
die Erde
die uns hält
in unablässiger
Revolution

Auf ihren Schultern
tragen die
Sechsunddreißig Gerechten
die ungebärdige
Erde

Im Schatten ihrer Bescheidenheit
stehend
abgewandt
heben die
Sechsunddreißig Gerechten
die ungebärdige Erde
ins Licht
Wir kennen sie nicht
nie erkennen wir die
Sechsunddreißig Gerechten

Rose Ausländer

- Schülerinnen des Maria-Ward-Gymnasiums in Günzburg haben bei der Gestaltung eines Denkmals für den ermordeten jüdischen Pädagogen Janusz Korczak mitgewirkt. Informiert euch über Leben und Werk von Janusz Korczak.
- Informiert euch im Internet über die Bedeutung der 36 Gerechten im Judentum. Gibt es ähnliche Vorstellungen im christlichen Bereich?
- Überlegt euch, wie das Gedenken an die Judenpogrome in Europa lebendig gehalten werden kann und welche kreativen Möglichkeiten es für ein sensibles Miteinander von Juden und Christen in Deutschland gibt.

3 Baustelle Kirche

Kirche: angefochten und kritisiert, ...

Nicht eine Traumkirche liebe ich, sondern diese konkrete Kirche mitsamt ihren Fehlern und Gebrechen.

Mich stört an der Kirche ...

... dass sie wenig Angebote für Jugendliche bietet und Gottesdienste meist langweilig gestaltet sind.
Anna-Lena, 16 Jahre

... dass viele alte Lieder gesungen werden und die Predigten meist etwas zäh sind. Sie sprechen mich nicht an.
Stella, 16 Jahre

... ihre Rückständigkeit.
Manuel, 16 Jahre

... dass ihre Ansichten oft widersprüchlich und altmodisch sind.
Nora, 16 Jahre

... dass sie oft weltfremde Ansichten hat.
André, 16 Jahre

... dass Geschiedene nicht noch einmal heiraten dürfen.
Patricia, 17 Jahre

... dass die Kirche im Laufe der Geschichte so viel Unheil angerichtet hat.
Rudolf, 17 Jahre

... geschätzt und geliebt

ch liebe sie wie eine Mutter
it faltigem, sorgenvollem Gesicht
nd dem Staub der Jahrhunderte
n ihrem Gewand.

Ossi Schmitt

Mir gefällt an der Kirche ...

... dass jeder willkommen ist.

Patricia, 16 Jahre

... dass die Kirche den Gläubigen Halt gibt.

Nora, 16 Jahre

... dass der Papst und viele Bischöfe klar Stellung beziehen gegen die Ungerechtigkeiten in der Welt.

Tobias, 16 Jahre

... dass man dort neue Kraft und neuen Mut schöpfen kann.

Daniel, 16 Jahre

... dass der Pfarrer sich Zeit nimmt für seine Gemeinde und sich um Alte und Kranke kümmert.

Jessica, 17 Jahre

... dass die Kirche die ganze Welt umspannt.

Dominik, 16 Jahre

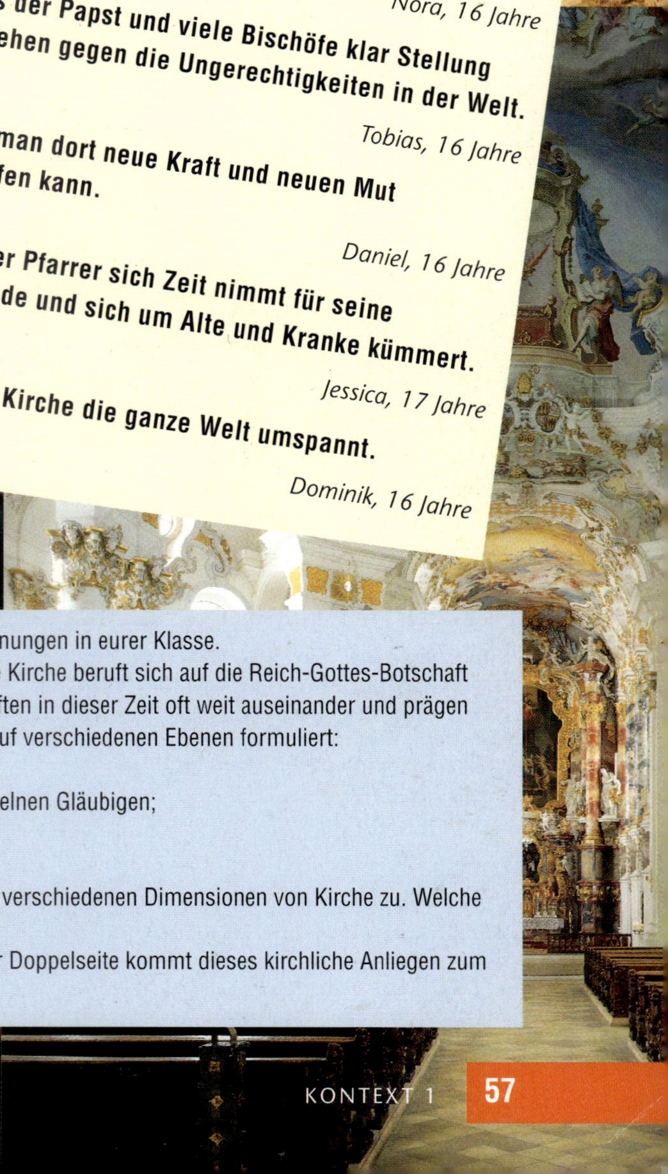

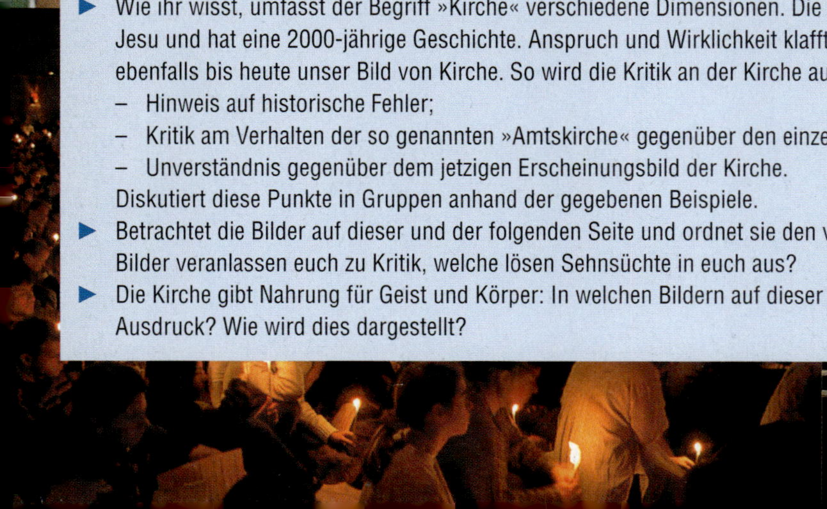

- Sammelt unter dem Thema »Mich stört bzw. mir gefällt an der Kirche« Meinungen in eurer Klasse.
- Wie ihr wisst, umfasst der Begriff »Kirche« verschiedene Dimensionen. Die Kirche beruft sich auf die Reich-Gottes-Botschaft Jesu und hat eine 2000-jährige Geschichte. Anspruch und Wirklichkeit klafften in dieser Zeit oft weit auseinander und prägen ebenfalls bis heute unser Bild von Kirche. So wird die Kritik an der Kirche auf verschiedenen Ebenen formuliert:
  – Hinweis auf historische Fehler;
  – Kritik am Verhalten der so genannten »Amtskirche« gegenüber den einzelnen Gläubigen;
  – Unverständnis gegenüber dem jetzigen Erscheinungsbild der Kirche.

  Diskutiert diese Punkte in Gruppen anhand der gegebenen Beispiele.
- Betrachtet die Bilder auf dieser und der folgenden Seite und ordnet sie den verschiedenen Dimensionen von Kirche zu. Welche Bilder veranlassen euch zu Kritik, welche lösen Sehnsüchte in euch aus?
- Die Kirche gibt Nahrung für Geist und Körper: In welchen Bildern auf dieser Doppelseite kommt dieses kirchliche Anliegen zum Ausdruck? Wie wird dies dargestellt?

Kirche: sicher und fest, ...

Wird von der »katholischen Kirche« gesprochen, so ist in der Regel die römisch-katholische Kirche gemeint. Der Begriff »katholisch« (griechisch *katholikós*) bedeutet »allgemein, alle betreffend, die ganze Welt umfassend.« Nach Auffassung der katholischen Kirche lässt sich das Bischofsamt ohne Unterbrechung auf die Apostel zurückführen. Deshalb versteht sie sich bis heute als rechtmäßige Erbin der durch Jesus Christus auf die zwölf Apostel übertragenen Ämter und Vollmachten. Ihre Gesamtmitgliedschaft beträgt über 1,1 Milliarde Menschen und umfasst somit etwa 17,2 Prozent der Weltbevölkerung von rund 6,3 Milliarden Menschen (Stand 2003). Am stärksten vertreten ist die katholische Kirche in Europa und Lateinamerika. Im Unterschied zu anderen christlichen Konfessionen sehen die Katholiken im Papst als dem Bischof von Rom und Nachfolger Petri ihr universelles Oberhaupt. Auch wenn es in der Kirchengeschichte immer wieder Päpste gab, die in ihrer Person heftig umstritten waren, gilt das Papstamt doch immer als Zeichen und Garant der Beständigkeit und Sicherheit der katholischen Kirche.

Unter Pius IX. (1846-1878) wurde beim Ersten Vatikanischen Konzil die Unfehlbarkeit des Papstes erklärt. Diese gilt aber nur, wenn der Papst in Glaubens- und Sittenfragen (*de rebus fidei et moribus*) in offizieller Weise (*ex cathedra*) Stellung nimmt.

Pius XII. (1939-1958) schwieg für viele zu lange zu den Verbrechen der Nationalsozialisten. Sein Grund: Er wollte die Unparteilichkeit und die Unabhängigkeit des Vatikans wahren.

Johannes XXIII. (1958-1963) wollte die Lehre der Kirche in eine zeitgemäße Sprache übersetzen. Mit dem Zweiten Vatikanischen Konzil* prägte er das Schlagwort *aggiornamento* (= Annäherung an die Welt).

Von den bisherigen Petrusnachfolgern waren 231 Italiener, 18 Franzosen, 15 Griechen, neun Deutsche. Johannes Paul II. (1978-2005) war der erste Nicht-Italiener auf dem Papstthron seit 455 Jahren.

Papst Benedikt XVI. (seit 2005) hat schon als junger Theologieprofessor beratend am Zweiten Vatikanischen Konzil teilgenommen. Bevor er Papst wurde, war er langjähriger Vorsitzender der Glaubenskongregation.

- ► Recherchiert weitere Informationen zu den abgebildeten Päpsten.
- ► Befragt Eltern und Großeltern danach, welche Päpste sie erlebt haben. Haben sie noch konkrete Erinnerungen an das jeweilige Pontifikat?
- ► Informiert euch über den Modus der Papstwahl.

... verfolgt und diskriminiert

Nigeria
Anders als im christlichen Süden des Landes stehen Christen im islamisch geprägten Norden im Visier von Islamisten. Immer wieder werden Kirchen angegriffen.

Eritrea
Rund 1.000 Christen sind in Gefängnissen oder Frachtcontainern eingesperrt. Ihre Familien kennen oft nicht ihren Aufenthaltsort. Viele sind wegen der schlimmen Bedingungen schon gestorben.-

Saudi-Arabien
In dem streng islamischen Königreich gibt es nur wenige einheimische Christen. Denn ehemaligen Muslimen droht für ihren Religionswechsel harte Verfolgung bis hin zum Tod.

Afghanistan
Der Islam ist Staatsreligion. Extremisten wie die Taliban bedrohen christliche Entwicklungshelfer und einheimische Christen. Trotz Verfolgung halten Gläubige an Jesus fest.

Indien
Obwohl die Mehrheit der Christen in Indien relativ frei ihren Glauben leben kann, gehen in vielen Landesteilen Hindu-Extremisten gegen Christen besonders auf dem Land vor.

Nordkorea
Seit Jahren das Land mit der stärksten Verfolgung. Christen gelten als Staatsfeinde. 70.000 leiden in Arbeitslagern. Dennoch wächst die Untergrundgemeinde.

Jährlich veröffentlicht das Hilfswerk *Open Doors* einen Index zur Lage der Christen (0 = völlige Religionsfreiheit, 100 = schwerste Verfolgung). Er beruht u. a. auf der Auswertung eines speziellen Fragebogens, der für jedes Land erstellt wird.

01	Nordkorea	88,0	09	Irak	57,0	17	Bhutan	51,0	25	Aserbaidschan	45,5
02	Afghanistan	67,5	10	Pakistan	56,5	18	Turkmenistan	50,5	26	Libyen	42,0
03	Saudi Arabien	67,5	11	Eritrea	56,0	19	Vietnam	49,5	27	Oman	42,0
04	Somalia	66,5	12	Laos	55,5	20	Tschetschnien	49,5	28	Brunei	42,0
05	Iran	66,0	13	Nigeria (Nord)	55,0	21	China	48,5	29	Marokko	41,0
06	Malediven	63,0	14	Mauretanien	54,0	22	Katar	47,0	30	Kuwait	40,5
07	Usbekistan	61,0	15	Ägypten	53,5	23	Algerien	46,5	31	Türkei	40,5
08	Jemen	58,5	16	Sudan	53,5	24	Komoren	45,5	32	Indien	40,5

Stand 2012

- Bildet Kleingruppen und erkundigt euch auf der Homepage der Deutschen Bischofskonferenz unter »Schriften« → »Arbeitshilfen« nach der Situation der verfolgten und bedrängten Christen in verschiedenen Ländern (z. B. Arbeitshilfe 166 zu Vietnam, 179 zu Nigeria und 191 zu Lateinamerika). Präsentiert eure Ergebnisse in der Klasse.
- Informiert euch über Menschenrechts- und Hilfsorganisationen, z. B. auf den Homepages von Amnesty International oder Open Doors
- Sucht Informationen (im Internet z. B. unter auf der Homepage des Auswertigen Amtes zu einigen der genannten Länder und den dort herrschenden Konflikten.
- Diskutiert, ob es Beispiele der Diskriminierung von Gläubigen auch in unserem Land gibt.

Erinnerung

Entwerft ein Denkmal und eine Inschrift für einen Menschen, der sein Leben für seine Überzeugung eingesetzt hat. Ihr könnt euch dazu eine fiktive Person vorstellen oder eine historische Persönlichkeit auswählen, z. B. Hans und Sophie Scholl, Pater Maximilian Kolbe etc.

Das Mahnmal für die Geschwister Scholl und die »Weiße Rose« vor der Universität München

Dilemma

1935: Heinz ist Ministrant und versieht regelmäßig in der Kirche seine Dienste. Nach einem Wechsel der Schule drängen ihn neue Freunde, einmal mit in die Hitlerjugend zu gehen. Das Angebot dort und die Kameradschaft gefallen ihm zunächst recht gut. Doch bald merkt er, dass sowohl sein Pfarrer als auch der neue Fähnleinführer die jeweils andere Gruppe nicht für gut heißen, ja sogar einen Ausschluss in den Raum stellen. Formuliert einen Satz, wie Fähnleinführer bzw. Pfarrer ihren Appell an Heinz begründen.

Was würdet ihr Heinz raten? Wie würdet ihr euch entscheiden? Überlegt, mit welchen weiteren Konsequenzen Heinz jeweils zu rechnen hat. Versucht diese Entscheidungssituation auf die heutige Zeit zu übertragen.

Kirche und Gesellschaft

Sammelt im Laufe der Unterrichtseinheit Beispiele aus den Medien, in denen Kirchenvertreter zu aktuellen gesellschaftlichen und weltpolitischen Fragen Position beziehen. Diskutiert abschließend die Rolle der Kirche für die Sicherung der Verfassung und Grundrechte.

Diktaturen und Religion

Mit welchen Einschränkungen gehen totalitäre Systeme gegen religiöse Überzeugungen vor, die sie stören? Recherchiert Beispiele aus dem »Dritten Reich«, den Staaten des Ostblocks während des »Kalten Krieges« und von heutigen Diktaturen.

Aufnahmegespräch

Stellt euch vor, eine neue Schülerin ohne Bekenntnis kommt in eure Klasse. Sie würde nun gerne in die katholische Kirche eintreten, hat aber etwas Angst vor dem, was sie der Pfarrer wohl bei dieser Gelegenheit fragen würde. Führt mit ihr ein Probe-Aufnahmegespräch.

Logo

Das Schiff ist ein beliebtes Zeichen für die Kirche (vgl. 76). Sucht weitere passende Zeichen und entwerft ein eingängiges Logo für die Kirche, wie man es z. B. in einem Pfarrbrief verwenden könnte.

Das Logo der Christuskirche in Ulm

Religiöse Diskriminierung heute

Sammelt aus der Tageszeitung eine Woche lang Berichte über Krisengebiete und Streitigkeiten in der Welt. Prüft, welche dieser Probleme mit religiöser Diskriminierung zu tun haben.

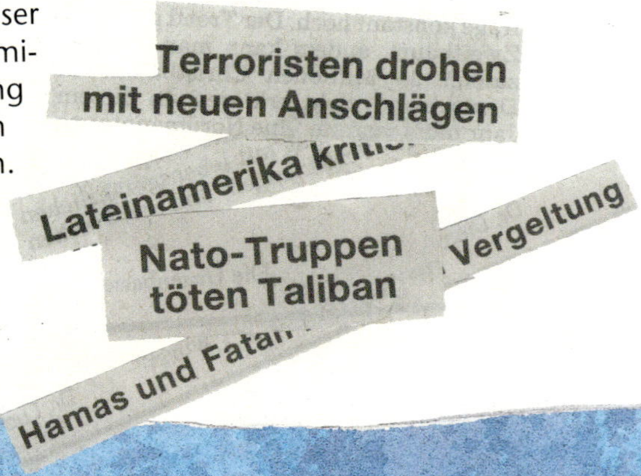

Wer weiß noch …

… welche Bedeutung Zeichen und Symbole für eine Gemeinschaft haben?

… aus welchen Gründen die Kirche in ihrer Anfangszeit vom römischen Staat verfolgt wurde?

… welche Formen des Machtmissbrauchs im Alten Testament kritisiert werden?

Ergänzt euer Wissen durch einen Klick auf www.religionvernetzt.de.

»Wenn ich der Papst wäre …«

»Die da oben« werden immer leicht kritisiert: den einen sind sie zu konservativ, den anderen aber viel zu freizügig. Aber was würde man selbst anders machen? Was würdet ihr wirklich tun wollen, wenn ihr die Macht hättet, etwas grundlegend zu ändern?

Papstwappen von Benedikt XVI.

Gottesdienst

Die Feier der Messe hat sich nach dem Zweiten Vatikanischen Konzil* stark verändert. Was ist für euch bei einem Gottesdienst am wichtigsten? Wird diesen Elementen in Messen oder einem Wortgottesdienst eurer Gemeinde genügend Raum gegeben? Überlegt, wie euer »Traumgottesdienst« aussehen sollte, und plant diesen ganz konkret: Sucht ein Motto, Lieder, Texte und andere kreative Elemente.

Feiert euren Gottesdienst im Klassenverband oder mit der ganzen Schule.

Meinungsforschung

Entwerft einen Fragebogen zum Thema »Kirche in der heutigen Gesellschaft«: In welchen Bereichen sollte sich die Kirche mehr engagieren? Gibt es Bereiche, aus denen sich die Kirche heraushalten sollte? Verwendet den Fragebogen für eine Umfrage in eurem Freundes- oder Bekanntenkreis.

Internetrecherche

Gebt in einer Suchmaschine den Begriff »Kirche/Kirchen« ein. Klassifiziert die gefundenen Adressen der ersten Seiten nach ihrer Art. Sicher könnt ihr daraus erschließen, was unter dem Begriff »Kirche« alles gemeinhin verstanden wird.

Kirche im Nationalsozialismus: Annäherung ...

Bis zum Ersten Weltkrieg (1914-1918) konnte die Kirche ihre Stellung im Wesentlichen behaupten; doch nach dem blutig verlorenen Krieg verschwanden die traditionellen Werte. Sowohl im entstehenden Kommunismus als auch im nationalen Faschismus war eine konservativ-religiöse Kirche nur hinderlich. In Deutschland begann die Einflussnahme der Nationalsozialisten zunächst scheinbar harmlos. Ihre national geprägten Ziele wurden von vielen Gläubigen sogar unterstützt.

Hitlers Regierungserklärung vom 23. März 1933

... Indem die Regierung entschlossen ist, die politische und moralische Entgiftung unseres öffentlichen Lebens durchzuführen, schafft und sichert sie die Voraussetzungen für eine wirklich tiefe, innere Religiosität ... Die nationale Regierung sieht in den beiden christlichen Konfessionen wichtigste Faktoren der Erhaltung unseres Volkstums. Sie wird die zwischen ihnen und den Ländern abgeschlossenen Verträge respektieren; ihre Rechte sollen nicht angetastet werden. Sie erwartet aber und hofft, dass die Arbeit an der nationalen und sittlichen Erhebung unseres Volkes, die sich die Regierung zur Aufgabe gestellt hat, umgekehrt die gleiche Würdigung erfährt ... Die nationale Regierung wird in Schule und Erziehung den christlichen Konfessionen den ihnen zukommenden Einfluss einräumen und sicherstellen. Ihre Sorge gilt dem aufrichtigen Zusammenleben zwischen Kirche und Staat ...
Ebenso legt die Reichsregierung, die im Christentum die unerschütterlichen Fundamente des sittlichen und moralischen Lebens unseres Volkes sieht, den größten Wert darauf, die freundschaftlichen Beziehungen zum Heiligen Stuhle weiter zu pflegen und auszugestalten.

Hirtenbrief der Fuldaer Bischofskonferenz vom 28. März 1933

Es ist nunmehr anzuerkennen, dass von dem höchsten Vertreter der Reichsregierung, der zugleich autoritärer Führer jener Bewegung ist, öffentlich und feierlich Erklärungen gegeben sind, durch die der Unverletzlichkeit der katholischen Glaubenslehre und den unveränderlichen Aufgaben und Rechten der Kirche Rechnung getragen sowie die vollinhaltliche Geltung der von den einzelnen deutschen Ländern mit der Kirche abgeschlossenen Staatsverträge durch die Reichsregierung ausdrücklich zugesichert wird. Ohne die in unseren früheren Maßnahmen liegende Verurteilung bestimmter religiös-sittlicher Irrtümer aufzuheben, glaubt daher der Episkopat (Gemeinschaft der Bischöfe) das Vertrauen hegen zu können, dass die vorbezeichneten allgemeinen Verbote und Warnungen nicht mehr als notwendig betrachtet zu werden brauchen.

Bischöfe beim Hitlergruß anlässlich eines Staatsaktes 1933

- Welche Vorbehalte und Warnungen hat die Kirche in Bezug auf den Nationalsozialismus ursprünglich ausgesprochen? Recherchiert dazu z. B. in den pastoralen Anweisungen der Bayerischen Bischöfe von 1931.
- Was erhofften sich die abgebildeten Geistlichen vermutlich von ihrem Verhalten für die Kirche?

... und Verträge, ...

Die Regierungsübernahme der NSDAP lag nur wenige Monate zurück, als am 20. Juli 1933 ein Konkordat zwischen dem Vatikan und dem Deutschen Reich zustande kam. Bereits seit dem Zusammenbruch der Monarchie im Jahre 1918 versuchte der Vatikan, die kirchlichen Verhältnisse im Deutschen Reich neu zu ordnen. Mit der Weimarer Regierung war dies nicht gelungen. Hitler jedoch kam der Kirche in vielerlei Hinsicht entgegen.*

Präambel:
Seine Heiligkeit Papst Pius XI. und der Deutsche Reichspräsident, von dem gemeinsamen Wunsche geleitet, die zwischen dem Heiligen Stuhl und dem Deutschen Reich bestehenden freundschaftlichen Beziehungen zu festigen und zu fördern, gewillt, das Verhältnis zwischen der katholischen Kirche und dem Staat für den Gesamtbereich des Deutschen Reiches in einer beide Teile befriedigenden Weise dauernd zu regeln, haben beschlossen, eine feierliche Übereinkunft zu treffen, welche die mit einzelnen deutschen Ländern abgeschlossenen Konkordate ergänzen und auch für die übrigen Länder eine in den Grundsätzen einheitliche Behandlung der einschlägigen Fragen sichern soll ...

NSDAP-Plakat zu den Reichstagswahlen 1933 und zur Volksabstimmung über den Austritt aus dem Völkerbund

Artikel 1:
Das Deutsche Reich gewährleistet die Freiheit des Bekenntnisses und der öffentlichen Ausübung der katholischen Religion. Es anerkennt das Recht der katholischen Kirche, innerhalb der Grenzen des für alle geltenden Gesetzes, ihre Angelegenheiten selbständig zu ordnen und zu verwalten und im Rahmen ihrer Zuständigkeit für ihre Mitglieder bindende Gesetze und Anordnungen zu erlassen.

Artikel 5:
In Ausübung ihrer geistlichen Tätigkeit genießen die Geistlichen in gleicher Weise wie die Staatsbeamten den Schutz des Staates. Letzterer wird gegen Beleidigungen ihrer Person oder ihrer Eigenschaft als Geistliche sowie gegen Störungen ihrer Amtshandlungen nach Maßgabe der allgemeinen staatlichen Gesetzgebung vorgehen und im Bedarfsfall behördlichen Schutz gewähren.

Artikel 21:
Der katholische Religionsunterricht in den Volksschulen, Berufsschulen, Mittelschulen und höheren Lehranstalten ist ordentliches Lehrfach und wird in Übereinstimmung mit den Grundsätzen der katholischen Kirche erteilt.

- ► Formuliert mit eigenen Worten, welche Rechte der katholischen Kirche hier eingeräumt werden.
- ► Stellt selbst in einer Liste zusammen, welche Garantien eine Religionsgemeinschaft in einem Vertrag mit der politischen Macht eines Staates eurer Meinung nach erwarten würde.

... Verleumdung und Schikane, ...

Hitler vor der Frauenkirche am Nürnberger Hauptmarkt

»Mit den Konfessionen, ob nun diese oder jene: das ist alles gleich. Das hat keine Zukunft mehr. Für die Deutschen jedenfalls nicht. Der Faschismus mag in Gottes Namen seinen Frieden mit der Kirche machen. Ich werde das auch tun. Warum nicht? Das wird mich nicht abhalten, mit Stumpf und Stiel, mit allen seinen Wurzeln und Fasern das Christentum in Deutschland auszurotten ... Für unser Volk aber ist es entscheidend, ob es den jüdischen Christenglauben und seine weichliche Mitleidsmoral hat oder einen starken, heldenhaften Glauben an Gott in der Natur, an Gott im eigenen Volke, an Gott im eigenen Schicksal, im eigenen Blute ... Ob nun Altes Testament oder Neues, ob bloß Jesusworte, ... alles das ist doch nur derselbe jüdische Schwindel. Es ist alles eins und macht uns nicht frei. Eine deutsche Kirche, ein deutsches Christentum ist Krampf. Man ist entweder Christ oder Deutscher. Beides kann man nicht sein ...«

Hitler im Gespräch mit Parteifunktionären, 6. April 1933

Trotz des Reichskonkordats ging die NS-Regierung mithilfe des »Kanzelparagrafen« schon bald ebenso gegen die Kirche vor, wie gegen politische Parteien, Gewerkschaften und die freie Presse.*
Eine durchdachte Verleumdungskampagne sollte dafür sorgen, dass die Priester auch beim Volk schwer an Ansehen verloren. Ordensangehörigen wurden Sittlichkeitsdelikte und Devisenschiebereien zu Lasten gelegt; in Aufsehen erregenden Prozessen, welche die Regierung in eigens herausgegebenen »Auflageberichten« veröffentlichte, wurden sie verurteilt. Zahlreiche katholische und evangelische Geistliche mussten unterschiedliche Repressionen seitens der Regierung erdulden.
Bereits im Juni 1933 befanden sich allein in Bayern über 2000 Personen aus katholischen Kreisen in so genannter »Schutzhaft«.

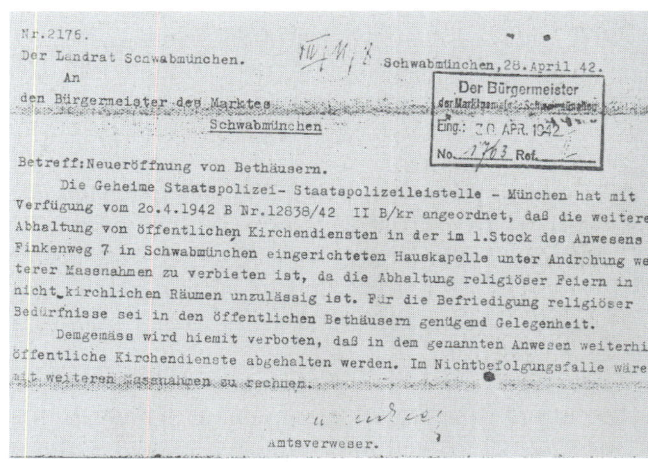

Nr.2175.
Der Landrat Schwabmünchen. Schwabmünchen, 28. April 42.
An
den Bürgermeister des Marktes
Schwabmünchen

Der Bürgermeister
Eing.: 30. APR. 1942
No. 1763

Betreff: Neueröffnung von Bethäusern.

Die Geheime Staatspolizei- Staatspolizeileistelle - München hat mit Verfügung vom 2o.4.1942 B Nr.12838/42 II B/kr angeordnet, daß die weitere Abhaltung von öffentlichen Kirchendiensten in der im 1.Stock des Anwesens Finkenweg 7 in Schwabmünchen eingerichteten Hauskapelle unter Androhung weiterer Massnahmen zu verbieten ist, da die Abhaltung religiöser Feiern in nicht kirchlichen Räumen unzulässig ist. Für die Befriedigung religiöser Bedürfnisse sei in den öffentlichen Bethäusern genügend Gelegenheit.

Demgemäss wird hiemit verboten, daß in dem genannten Anwesen weiterhin öffentliche Kirchendienste abgehalten werden. Im Nichtbefolgungsfalle wäre mit weiteren Massnahmen zu rechnen.

Amtsverweser.

Anordnungen während des Krieges

- ► Überlegt euch, warum die neuen Machthaber nicht offen gegen die Kirche vorgingen.
- ► Warum wollte der Nationalsozialismus auf Dauer keine Kirche neben sich dulden?
- ► Betrachtet das Bild genau und beschreibt seinen Aufbau. Welche Aussageabsicht steckt dahinter?

… Anzeigen, Verhaftungen und Verurteilungen, …

Der Kruzifixerlass

Obwohl es im Konkordat anders geregelt war, wurden in Bayern bis 1938 alle Bekenntnisschulen aufgelöst, bis 1943 alle Klosterschulen geschlossen. Im Kampf gegen die Kirche verbot der damalige Kultusminister Adolf Wagner 1941 auch das Schulgebet und verlangte die Entfernung aller Kruzifixe aus den Klassenzimmern.
Weil die bayerischen Bischöfe in einem Hirtenwort ungewöhnlich scharf protestierten und weil die Empörung der Bevölkerung so groß war, ordnete das Ministerium kurz darauf »zur Aufrechterhaltung des inneren Friedens« den Abbruch der Aktion an. Trotzdem mussten immer wieder diejenigen, die kritisch ihre Stimme erhoben, mit Anzeigen, Haft, auch Folter und sogar Todesstrafe rechnen.

Klassenzimmer im »Dritten Reich«

Leutnant Michael Kitzelmann aus dem Allgäu hatte an der Front geäußert: »Daheim reißen sie die Kreuze von den Schulen, hier macht man uns vor, gegen den Bolschewismus zu kämpfen!« Wegen dieser Bemerkung wurde er verhaftet und bald danach wegen »Wehrkraftzersetzung« zum Tode verurteilt.

Aus geheimen Behördenberichten

Benefiziat Hurter/Göggingen und zehn Angehörige des Pfadfinderbundes wurden wegen Übertretung des Uniformverbotes zu Geldstrafen verurteilt. Hurter hatte die Pfadfinder veranlasst, in Uniform in die Kirche zu kommen.

Dezember 1935

Der Franziskanerpater N. Wirth aus Klosterlechfeld hatte einer Schülerin verboten, ihn mit »Heil Hitler!« zu grüßen, und hatte in einem anderen Fall, obwohl zur Rede gestellt, den deutschen Gruß verweigert. Er wurde von der geheimen Staatspolizeistelle Augsburg verwarnt.

7. September 1937

Die Stapostelle Augsburg erstattet Strafanzeige gegen Gaugler, Josef, Pfarrer in Gablingen, wegen Kanzelmissbrauchs.
Er bemerkte am 31. Dezember 1939 in seiner Jahresschlusspredigt: »Muss es denn sein, dass wieder Millionen auf den Schlachtfeldern verbluten? Wie viele Söhne haben wohl von ihrer Mutter, von Frau und Kind schon Abschied genommen, vielleicht auf immer?«

8. März 1940

- Vergleicht den Kruzifixerlass damals mit der heutigen Diskussion um das Kreuz im Klassenzimmer. Inwiefern unterscheiden sich die Motive damals und heute?
- Informiert euch, ob es auch in eurem Heimatort zur damaligen Zeit ähnliche Vorkommnisse gab.
- Informiert euch im Geschichts- und Kunstunterricht über Repressalien, denen andere gesellschaftliche Gruppen im Nationalsozialismus ausgesetzt waren.

... Widerspruch ...

Die öffentliche Meinung über die Kirche wurde vom Propagandafeldzug der Nationalsozialisten gegen die Kirche bestimmt. Dem gegenzusteuern, konnte nur durch regelmäßige Informationen durch die Kirche gelingen. Dies jedoch war ungemein erschwert, da das Propagandaministerium alle Informationswege kontrollierte.
1937 wurde von Papst Pius XI. unter anderem der Münchner Kardinal Faulhaber dazu ausersehen, in absoluter Geheimhaltung bei der Abfassung der Enzyklika »Mit brennender Sorge« mitzuwirken, die in allen deutschen Kirchen von der Kanzel verlesen werden sollte. Das Rundschreiben war auf den 14. März 1937 datiert; bereits zwei Tage später hatten alle deutschen Bischöfe ein Exemplar in den Händen, das sie in geheimen Druckereien, mithilfe einfacher Wachsplatten oder nur mit der Schreibmaschine vervielfältigten und mit ausgesuchten, privaten Kurierdiensten in alle Pfarreien verschickten. Um das Rundschreiben vor der örtlichen Gestapo zu schützen, bewahrten es einige Pfarrer sogar in ihren Tabernakeln auf, bis es am 21. März 1937 in fast 11 500 Pfarreien von der Kanzel verlesen wurde.*

Papst Pius XI.

Mit brennender Sorge und steigendem Befremden beobachten Wir seit geraumer Zeit den Leidensweg der Kirche, die wachsende Bedrängnis der ihr in Gesinnung und Tat treu bleibenden Bekenner und Bekennerinnen inmitten des Landes und des Volkes, dem St. Bonifatius einst die Licht- und Frohbotschaft von Christus und dem Reiche Gottes gebracht hat ...
Der Anschauungsunterricht der vergangenen Jahre klärt die Verantwortlichkeiten. Er enthüllt Machenschaften, die von Anfang an kein anderes Ziel kannten als den Vernichtungskampf. In die Furchen, in die Wir den Samen aufrichtigen Friedens zu pflanzen bemüht waren, streuten andere ... die Unkrautkeime des Misstrauens, des Unfriedens, des Hasses, der Verunglimpfung, der heimlichen und offenen, aus tausend Quellen gespeisten und mit allen Mitteln arbeitenden grundsätzlichen Feindschaft gegen Christus und seine Kirche ...
Wer die Rasse oder das Volk oder den Staat oder die Staatsform, die Träger der Staatsgewalt oder andere Grundwerte menschlicher Gemeinschaftsgestaltung – die innerhalb der irdischen Ordnung einen wesentlichen und ehrengebietenden Platz behaupten – aus dieser ihrer irdischen Wertskala herauslöst, sie zur höchsten Norm aller, auch der religiösen Werte macht und sie mit Götzenkult vergöttert, der verkehrt und fälscht die gottgeschaffene und gottbefohlene Ordnung der Dinge. Ein solcher ist weit von wahrem Gottesglauben und einer solchem Glauben entsprechenden Lebensauffassung entfernt ...
Wer in sakrilegischer (gotteslästerlicher) Verkennung der zwischen Gott und Geschöpf, zwischen dem Gottmenschen und den Menschenkindern klaffenden Wesensunterschiede irgendeinen Sterblichen, und wäre er der Größte aller Zeiten, neben Christus zu stellen wagt, oder gar über Ihn und gegen Ihn, der muss sich sagen lassen, dass er ein Wahnprophet ist, auf den das Schriftwort erschütternde Antwort findet: »Der im Himmel wohnt, lachet ihrer« (Ps 2,4) ...

Aus der Enzyklika »Mit brennender Sorge«, 1937

- Welche Verfehlungen der Nationalsozialisten werden in diesem Schreiben kritisiert?
- Recherchiert, welche Reaktionen die Machthaber im In- und Ausland auf diese Enzyklika* hin zeigten.
- Macht Vorschläge, wie ihr heute in einem totalitären System eine warnende Botschaft »unters Volk« bringen würdet.

... und Widerstand

Der aktive Widerstand gegen Hitler und die nationalsozialistische Ideologie ging in der Kirche wie bei den meisten gesellschaftlichen Gruppen weniger von der Gesamtinstitution aus als vielmehr von einzelnen Persönlichkeiten, die ihr christliches Gewissen höher achteten als ihr Ansehen, ja sogar ihr Leben. Die Nationalsozialisten verfolgten nicht nur Andersdenkende und ethnische Minderheiten, allen voran die Juden, sondern auch behinderte Menschen. Sie wurden als »lebensunwertes Leben« bezeichnet und in den meisten Behinderteneinrichtungen konsequent durch mangelhafte Ernährung zu Tode gebracht oder aktiv getötet. Aufgrund solcher Tötungsmaßnahmen von behinderten Menschen – verharmlosend »Euthanasie«* genannt – erstattete Bischof Clemens August Graf von Galen (1878-1946) beim Polizeipräsidenten schriftlich Strafanzeige wegen Mordes. Zeitweilig wurde das Euthanasieprogramm daraufhin unterbrochen. Aber von Galen ging noch weiter: 1941 wandte er sich in drei Predigten u. a. gegen die Euthanasie. Durch illegale Flugblätter sowie Nachdrucke der Alliierten wurden diese Predigten in Deutschland rasch weiterverbreitet.

Menschen, die so massiv gegen das Nazi-Regime opponierten wie Bischof von Galen wurden in der Regel durch Verhaftung oder gar Hinrichtung aus dem Weg geschafft. Dass von Galen ein solches Schicksal erspart geblieben ist, war nur der Tatsache zu verdanken, dass Propagandaminister Joseph Goebbels während des Krieges keine prominenten katholischen Märtyrer schaffen wollte.

Mit dem Tode bezahlen musste Hans Adlhoch (1894-1945) seinen konsequenten Widerstand gegen den Nationalsozialismus: Als Siebzehnjähriger hatte er sich dem Christlichen Holzarbeiter-Verband angeschlossen und leitete seit 1919 das Sekretariat der Katholischen Arbeiterbewegung in Augsburg. 1925 war er Vizepräsident des Stuttgarter Katholikentages. Adlhoch versuchte, die Eigenständigkeit der Katholischen Arbeiterbewegung zu bewahren, und wandte sich stets gegen die Gleichschaltung der gesellschaftlichen Gruppen und Verbände durch die Nationalsozialisten. 1933 wurde er deshalb erstmals von der Gestapo verhaftet. Auch in den Folgejahren erlitt er wiederholt Haft und Misshandlung. Nach dem Anschlag vom 20. Juli 1944 auf Hitler wurde Adlhoch in das Konzentrationslager Dachau eingeliefert. Den außerordentlichen Belastungen des Todesmarsches Dachauer Häftlinge Ende April 1945 war der schwer erkrankte Adlhoch nicht mehr gewachsen. Obwohl er die Befreiung des Häftlingszuges durch amerikanische Truppen in Bad Tölz noch erleben konnte, starb er am 21. Mai 1945 in einem Lazarett an den Folgen der Haft.

Hans Adlhoch

Auf riskante Weise bewahrten die Schwestern des *Dominikus-Ringeisen-Werkes* in Ursberg viele der ihnen Anvertrauten vor diesem Schicksal, indem sie für viele Männer und Frauen mit eigenen Mitteln gesorgt haben. Einige Schwestern hatten sogar die Pfleglinge versteckt und die z. T. Schwerstbehinderten unter schwierigsten Verhältnissen gepflegt.

- Verfolgt die Diskussion um Euthanasie* bis in die heutige Zeit und vergleicht das zugrunde gelegte Menschenbild*.
- Recherchiert Informationen zu weiteren Personen, die während der NS-Diktatur für ihre Überzeugungen mit dem Leben bezahlten, z. B. Alfred Delp, Dietrich Bonhoeffer, Hans und Sophie Scholl.

Christenverfolgung heute

Sudanesischer Christ hinter Gittern

Beispiel Sudan

Macram Max Gassis, Bischof von El Obeid im Zentral-Sudan, über die Christenverfolgung in seinem Land. Das (gekürzte) Interview wurde 2004 bei dessen Besuch der internationalen Zentrale des Hilfswerks »Kirche in Not/Ostpriesterhilfe« in Königstein/Taunus geführt.

Herr Bischof, stimmen die Berichte über neuerliche Christenverfolgungen im Sudan?

Gassis: Die Berichte sind leider Gottes wahr. Die Verfolgungen im Sudan sind sowohl religiöser als auch ethnischer Natur. Sie richten sich in erster Linie gegen die afrikanische Bevölkerung, und zwar nicht nur im Süden des Landes, sondern im gesamten Sudan … Ich nenne dabei bewusst den »islamischen Fundamentalismus« und will nicht den Islam als Religion diskreditiert wissen. Die Kirche ist bereit zum Dialog mit unseren islamischen Schwestern und Brüdern. Aber der islamische Fundamentalismus ist keine Religion, sondern eine politische und ökonomische Ideologie.

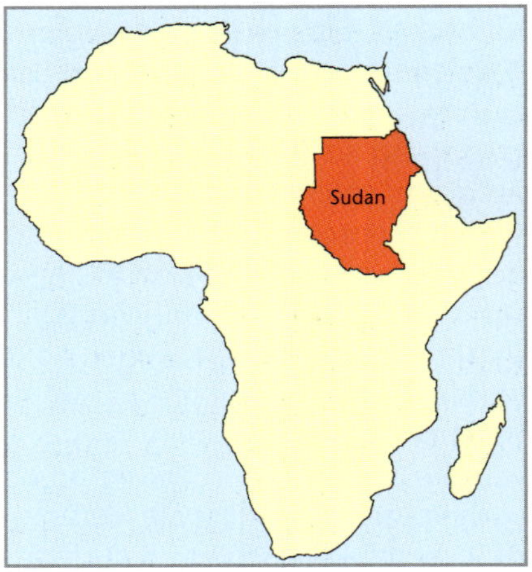

Inwiefern beeinflussen die Ölvorkommen im Süden des Sudans die Situation?

Gassis: Ganz dramatisch! Früher hat sich kaum jemand um dieses Land gekümmert. Jetzt zeigen Länder wie Frankreich, Deutschland, Belgien, Holland oder Kanada Interesse am Sudan – wegen des Öls. So wie Christus für dreißig Silberlinge verraten wurde, wird mein Volk von den westlichen Glaubensgeschwistern für ein paar Fässer Öl verraten und verkauft. Ob die afrikanischen Christen oder die Angehörigen der Naturreligionen leben oder ausgelöscht werden, interessiert die westlichen Regierungen nicht im Geringsten. Was zählt, ist das Geschäft. Wenn einmal die afrikanischen Völker im Sudan vollständig ausgerottet sein werden, wird der »christliche« Westen ihnen sicher Denkmäler bauen.

Wie entsteht Christenverfolgung?

- **Desinformation**
  Durch falsche Informationen, verbreitet über Gerüchte und Medien, werden Christen ihres guten Rufes beraubt. Ohne Prozess werden sie für schuldig befunden, allerlei Vergehen begangen zu haben.
- **Diskriminierung**
  Die öffentliche Meinung wendet sich gegen die Christen. Die Diskriminierung stuft sie zu Bürgern zweiter Klasse herab, die eine schlechtere Stellung und weniger Rechte als die Mehrheit im Lande haben.
- **Verfolgung**
  Den Verdächtigungen und Schikanen folgt eine systematische Unterdrückung und Verfolgung, die vielen Menschen Tod und Leid bringen kann.

- ▶ Überlegt, woran ihr Anfänge für eine Christenverfolgung im eigenen Land erkennen würdet.
- ▶ Vergleicht die heutigen Verfolgungen mit der antiken Christenverfolgung im Römischen Reich.
- ▶ Welche Fragen würdet ihr Bischof Gassis stellen?

Beispiel El Salvador

Die Verfolgung der Kirche und einzelner Mitglieder geschieht in unseren Tagen nicht nur durch fanatische Mitglieder anderer Religionen und Weltanschauungen, sondern auch in Ländern, die eigentlich »christlich« genannt werden. Hier sind es oft egoistische Interessen einzelner Gruppen, denen eine »Einmischung« der Kirche in die sozialen und politischen Zustände nicht passt.
Mit einer Fläche von 21 041 Quadratkilometern ist El Salvador ungefähr so groß wie Hessen und damit das kleinste der zentralamerikanischen Länder (vgl. 28). 86 Prozent der ca. 4,6 Millionen Einwohner gehören der römisch-katholischen Kirche an. Fast die Hälfte der Bevölkerung lebt unter der Armutsgrenze.

Oscar Romero, geboren 1917, war seit 1970 Weihbischof und seit 1977 Erzbischof in El Salvador. In dem Maße, wie er sich mit der Lage des Großteils der Menschen in diesem südamerikanischen Land vertraut machte, wurde aus ihm, dem eher zurückhaltenden Menschen, ein Streiter für die Gerechtigkeit und die Rechte der Armen. Die Verfolgung der Priester und christlichen Landarbeiter durch die Regierung, die in dem Spruch gipfelte, den man allenthalben an Häuserwänden lesen konnte: »Tu etwas für dein Vaterland: Töte einen Priester!« tat ein Übriges, sodass Erzbischof Romero sich verpflichtet fühlte, für seine Gemeinde einzutreten. Die Folge davon waren Verunglimpfungen des Bischofs, die bis zu Morddrohungen reichten. Doch das konnte den Erzbischof nicht von seinem einmal eingeschlagenen Weg abhalten. Am 24. März 1980 erfüllten sich die Morddrohungen. Oscar Romero wurde während einer Eucharistiefeier von Scharfschützen ermordet.

Paolo Borghi, 2004

Bei einer Bestandsaufnahme dürfen auch jene Länder nicht übersehen werden, in denen das religiöse Bekenntnis zwar grundsätzlich geachtet wird, Christen jedoch, die sich mutig für die Menschenrechte einsetzen und mit der »Option für die Armen« Ernst machen, an Leib und Leben bedroht werden. Manchmal geht diese Gewalt von Regierungen aus, öfter aber von privaten Gruppen, die den Verlust ihrer Privilegien fürchten. Diese Art von Christen- und Kirchenverfolgung ist vor allem aus Lateinamerika bekannt, wo die Kirche sich in der Folge des Zweiten Vatikanischen Konzils* konsequent aus den Verstrickungen mit der Macht gelöst hat und dafür unter Bischöfen und Priestern, genauso aber auch unter engagierten Laien einen hohen Blutzoll entrichtet hat.

Kardinal Karl Lehmann,
Vorsitzender der Deutschen Bischofskonferenz

- Macht Vorschläge, wie Christen in Europa in diesen Ländern helfend eingreifen könnten.
- Blickt zurück auf die so genannte »Befreiungstheologie«* (vgl. 26) und erörtert ihr Anliegen vor dem Hintergrund der hier beschriebenen Verhältnisse.
- Interpretiert die abgebildete Tonplastik im Hinblick auf das Leben und Anliegen Oscar Romeros.

Aufbruch in eine neue Zeit

Kirche im Wandel der Zeit

Ein älterer Religionslehrer erinnert sich

Früher, ja da lief ein Gottesdienst ganz anders ab. Die ganze Messe wurde auf Latein statt auf Deutsch abgehalten; der Pfarrer wandte sich dem Altar zu, nur manchmal hat er sich umgedreht und seine Gemeinde – in Latein – angesprochen. Zur Kommunion musste die Gemeinde in besonderen Bänken niederknien und die konsekrierte Hostie wurde direkt auf die Zunge gelegt. Natürlich waren die Kirchen am Sonntag immer noch voll, aber man spürte auch immer mehr, dass viele Katholiken nicht mehr damit zufrieden waren, so wenig vom Gottesdienst zu verstehen. Von einer echten Mitfeier konnte kaum die Rede sein. Eigentlich war nur der Pfarrer der Zelebrierende und die anderen – Ministranten, Sängerinnen und Sänger, Organist, Mesnerin – hatten lediglich Hilfsdienste zu verrichten. Und Mädchen durften nicht einmal Ministrantinnen sein. In der Nähe des Altars hatten sie nichts zu suchen!

Doch dann kam ein ganz neuer Wind: Für manche Christen, besonders die älteren, war das nicht einfach: sie hatten richtig Angst vor Neuerungen. Andere sahen darin aber eine ganz große Chance für die Kirche. Natürlich ging manches verloren, was viele lieb gewonnen hatten, aber wir haben auch vieles gewonnen: Nun verstehen wir in unserer Sprache, was der Priester betet, und die Ministranten müssen keine lateinischen Gebete mehr auswendig lernen, die sie meistens sowieso nicht verstanden haben. Auch die Lieder der Gemeinde sind viel flotter geworden. Mit unseren Kaplänen haben wir in den Siebzigerjahren ganz verschiedene Formen des Gottesdienstes ausprobiert und unsere Sängerknaben spielten und sangen rhythmische Lieder. Der Pfarrer in meiner Gemeinde hat während der Messe sogar selber Gitarre gespielt und alle, wirklich alle, sangen mit!

- ► Erstellt eine Checkliste: Was erwartet ihr von einer neuen, modernen Kirche?
- ► Tragt zusammen, welche Formen des Feierns in der Kirche ihr kennt und an welche sich eure Eltern und Großeltern noch erinnern.

»Machen wir doch ein Konzil!«

Johannes XXIII.

Am 25. Januar 1959 kündigte Papst Johannes XXIII. ein neues Konzil* an. Er, der gerade drei Monate vorher im Alter von 77 Jahren zum Papst gewählt worden war und in den niemand mehr große Erwartungen setzte, sollte mit der Einberufung des Zweiten Vatikanischen Konzils* (1962-1965) einen tief greifenden Wandel in Gang setzen, der die katholische Kirche zu einer Besinnung nach innen und zu einer Öffnung nach außen, also zunächst den nichtkatholischen Christen gegenüber, führte.
Johannes XXIII. trug damit den Veränderungen der modernen Gesellschaft Rechnung.
In dem Schlagwort *aggiornamento* fasste er die Tendenz des Konzils zusammen. Es setzte ein tiefgreifendes Umdenken und die Bereitschaft voraus, den Erfordernissen der veränderten Umwelt Rechnung zu tragen. Die Idee, das Konzil einzuberufen, entsprang der ganz persönlichen Initiative Johannes XXIII. und, wie er mehrfach versichert hat, einer plötzlichen Eingebung Gottes.
Das Zweite Vatikanische Konzil, in der katholischen Kirche gezählt als 21. ökumenisches Konzil, tagte vom 11. Oktober 1962 bis 8. Dezember 1965 in vier Sitzungsperioden. Von 2540 stimmberechtigten Personen waren im Durchschnitt über 2000 anwesend. Beobachter aus nichtkatholischen Kirchen und Fachtheologen hatten großen Einfluss auf die Texte. Johannes XXIII. starb 1963, also während des Konzils; sein Nachfolger Paul VI. brachte die begonnenen Veränderungen zu einem guten Ende. Die in 16 Dokumenten (Konstitutionen, Dekreten und Erklärungen) enthaltenen Konzilsaussagen lassen sich folgendermaßen ordnen:

- Selbstverständnis und das innere Leben der Kirche, ihre Liturgie*, ihr Lehramt, die Leitungsfunktionen und »Stände«: Das alte Kirchenbild, in dem die Kirche als Obrigkeit und der Papst als Monarch angesehen wurden, wird abgelegt. Das neue Verständnis ist geprägt von Kollegialität und Gemeinsamkeit, die Bedeutung der Laien wird betont.
- Die Beziehungen der Kirche und ihr Zeugnis nach »außen« zur geschwisterlichen nichtkatholischen Christenheit (Ökumene), zu den nichtchristlichen Religionen, insbesondere zum Judentum (vgl. 52), ihr Verständnis der Mission, ihr Verhältnis zur Welt in ihrer heutigen weltlichen Situation, ihre Haltung gegenüber dem heutigen weltanschaulichen Pluralismus (Religionsfreiheit).

Diese Texte fanden innerhalb wie außerhalb der Kirche große Würdigung.

- Welche Fragen und Anliegen würdet ihr heute auf einem Konzil* vorbringen wollen?
- Tragt in einem Rollenspiel Argumente der Gegner und Befürworter eines solchen Konzils vor.

Erneuerung ...

Priester und Laien

Der Unterschied, den der Herr zwischen den geweihten Amtsträgern und dem übrigen Gottesvolk gesetzt hat, schließt eine Verbundenheit ein, da ja die Hirten und die anderen Gläubigen in enger Beziehung miteinander verbunden sind. Die Hirten der Kirche sollen nach dem Beispiel des Herrn einander und den übrigen Gläubigen dienen, diese aber sollen voll Eifer mit den Hirten und Lehrern eng zusammenarbeiten. So geben alle in der Verschiedenheit Zeugnis von der wunderbaren Einheit im Leibe Christi: denn gerade die Vielfalt der Gnadengaben, Dienstleistungen und Tätigkeiten vereint die Kinder Gottes, weil dies alles der eine und gleiche Geist wirkt.

Aus der Konstitution über die Kirche »Lumen gentium«, 32

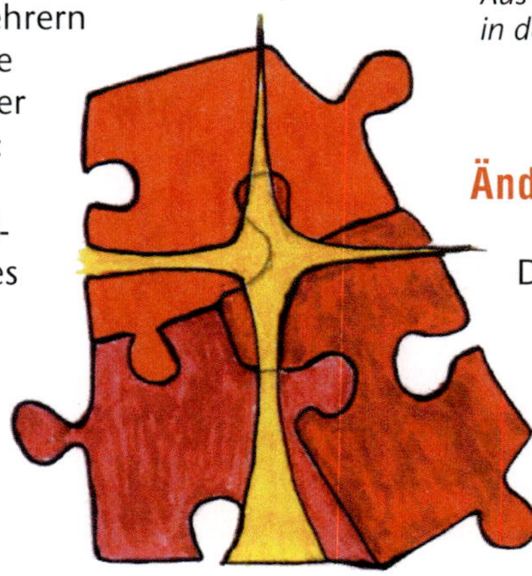

Kirche in der Welt

Was ferner zum Leben selbst in Gegensatz steht, wie jede Art Mord, Völkermord, Abtreibung, Euthanasie* und auch der freiwillige Selbstmord; was immer die Unantastbarkeit der menschlichen Person verletzt, wie Verstümmelung, körperliche oder seelische Folter und der Versuch, psychischen Zwang auszuüben; was immer die menschliche Würde angreift, wie unmenschliche Lebensbedingungen, willkürliche Verhaftung, Verschleppung, Sklaverei, Prostitution, Mädchenhandel und Handel mit Jugendlichen, sodann auch unwürdige Arbeitsbedingungen, bei denen der Arbeiter als bloßes Erwerbsmittel und nicht als freie und verantwortliche Person behandelt wird: all diese und andere ähnliche Taten sind an sich schon eine Schande; sie sind eine Zersetzung der menschlichen Kultur, entwürdigen weit mehr jene, die das Unrecht tun, als jene, die es erleiden. Zugleich sind sie in höchstem Maße ein Widerspruch gegen die Ehre des Schöpfers.

Aus der pastoralen Konstitution über die Kirche in der Welt von heute »Gaudium et spes«, 27

Änderungen der Liturgie*

Der Mess-Ordo soll so überarbeitet werden, dass der eigentliche Sinn der einzelnen Teile und ihr wechselseitiger Zusammenhang deutlicher hervortreten und die fromme und tätige Teilnahme der Gläubigen erleichtert werde. Deshalb sollen die Riten unter treulicher Wahrung ihrer Substanz einfacher werden. Was im Lauf der Zeit verdoppelt oder weniger glücklich eingefügt wurde, soll wegfallen. Einiges dagegen, was durch die Ungunst der Zeit verloren gegangen ist, soll, soweit es angebracht oder nötig erscheint, nach der altehrwürdigen Norm der Väter wiederhergestellt werden. Der Muttersprache darf ... in den mit dem Volk gefeierten Messen ein gebührender Raum zugeteilt werden.

Aus der Konstitution über die heilige Liturgie »Sacrosanctum concilium«, 37

- ► Welches Verhältnis von Amtsträgern und Gläubigen erkennt ihr in *Lumen gentium* und der abgebildeten Grafik? Was ist gegenüber dem vorkonziliaren Amtsverständnis neu?
- ► Erstellt eine Liste mit Forderungen, die sich aus den Aussagen der Konstitution *Gaudium et spes* ergeben.
- ► *Sacrosanctum concilium* hat eine Überarbeitung des Mess-Ordo gefordert, um ihn klarer und für den Laien nachvollziehbarer zu machen. Nennt die verschiedenen Teile der Heiligen Messe und überlegt, mit welchen ihr Schwierigkeiten habt.
- ► Unternehmt gemeinsam einen Unterrichtsgang in eure Heimatkirche oder achtet selbst beim nächsten Kirchgang genauer auf den Kirchenraum: Welche Anliegen des Zweiten Vatikanischen Konzils* kann man an seiner Gestaltung erkennen? Bestimmt kann euch auch der dortige Pfarrer, Kaplan oder Mesner etwas darüber erzählen.

... und Erwartungen

Als lebendiger Organismus bedarf die Kirche der öffentlichen Meinung, die aus dem Gespräch ihrer Glieder erwächst. Nur dann ist in ihrem Denken und Handeln Fortschritt möglich. Darum müssen Katholiken sich völlig dessen bewusst sein, dass sie wirklich die Freiheit der Meinungsäußerung besitzen. Diese Freiheit des Gesprächs in der Kirche belastet den Zusammenhalt und die Einheit in ihr keineswegs; im Gegenteil, gerade im ungehinderten Prozess öffentlicher Meinungsbildung vermag sie Einmütigkeit und Gemeinsamkeit des Handelns herbeizuführen.

Papst Paul VI.,
Pastoralinstruktion »Communio et Progressio« (1971)

Kirche auf dem Weg zu den Menschen

Erfüllte Forderungen des Konzils

- das Ernstnehmen der Reformation als eines religiösen Ereignisses;
- die Hochschätzung der Bibel im Gottesdienst, in der Theologie und im ganzen Leben der Kirche;
- die Verwirklichung eines echten Volksgottesdienstes in Verkündigung und Herrenmahl;
- eine Aufwertung der Laienschaft in Gottesdienst und Gemeindeleben;
- die Annäherung der Kirche an die verschiedenen Kulturen und der Dialog mit ihnen.

Worüber immer wieder diskutiert wird

- Priestermangel und verpflichtender Zölibat der Priester;
- politischer Einsatz der Kirche zu Gunsten der Ärmsten in der Welt;
- äußeres Erscheinungsbild: Hierarchie und materieller Reichtum der Kirche;
- Rolle und Aufgabe der Frauen in der Kirche.

- ► Begründet, warum die freie Meinungsäußerung auch in der Kirche wichtig ist. Welche Grenzen gibt es eurer Meinung nach und wie sinnvoll sind diese?
- ► Welche wichtigen Probleme seht ihr auf die Kirche in unserer Zeit zukommen?
- ► »Meine Kirche, unsere Kirche, die deutsche Kirche, die römische Kirche, die Weltkirche« – wie könnte nach eurer Meinung die Gemeinschaft der katholischen Christen dies alles verwirklichen?

Der Papst der Jahrtausendwende: Johannes Paul II.

Der »eilige Vater« wurde Papst Johannes Paul II. scherzhaft genannt, weil er so viele Reisen rund um die Welt gemacht hat wie keiner seiner Vorgänger.

Johannes Paul II. (1978-2005) galt weltweit als moralische Autorität. Wie kaum ein Papst vor ihm hat er mit klaren Worten ungerechte politische und soziale Zustände der Welt kritisiert und gleichzeitig die Kirche als festen Gegenpol dargestellt. Einige seiner Hauptanliegen werden auf dieser Doppelseite angesprochen.

Alle Wege der Kirche führen zum Menschen

Die Kirche darf am Menschen nicht vorbeigehen; denn sein »Geschick«, das heißt seine Erwählung, seine Berufung, seine Geburt und sein Tod, sein ewiges Heil oder Unheil sind auf so enge und unaufhebbare Weise mit Christus verbunden. Dabei geht es wirklich um jeden Menschen auf diesem Planeten, unserer Erde, die der Schöpfer dem ersten Menschen anvertraut hat, als er zum Mann und zu der Frau sagte: »Unterwerft sie euch und herrscht über sie.« Es geht um jeden Menschen in all seiner unwiederholbaren Wirklichkeit im Sein und im Handeln, im Bewusstsein und im Herzen ...
Da also der Mensch der Weg der Kirche ist, der Weg ihres täglichen Lebens und Erlebens, ihrer Aufgaben und Mühen, muss sich die Kirche unserer Zeit immer wieder neu die »Situation« des Menschen bewusst machen ... zugleich aber muss die Kirche die Bedrohungen kennen, die über dem Menschen hängen.

Aus der Antritts-Enzyklika »Redemptor hominis«, 14 (1979)*

Kirche und Weltpolitik

Die internationale Gemeinschaft ist aufgerufen, als einen wesentlichen Bestandteil ihres Kampfes gegen alle Formen des Terrorismus neue und kreative politische, diplomatische und ökonomische Initiativen zu unternehmen mit dem Ziel, die skandalösen Bedingungen des schweren Unrechts, der Unterdrückung und Ausgrenzung zu beseitigen, die weiterhin zahllose Mitglieder der Menschheitsfamilie bedrücken. Die Geschichte zeigt in der Tat, dass die Rekrutierung von Terroristen in jenen Gebieten einfacher ist, in denen die Menschenrechte missachtet werden und Unrecht ein Bestandteil des täglichen Lebens ist. Das heißt nicht, dass die in der Welt bestehenden Ungleichheiten und Missbräuche terroristische Akte entschuldigen: Selbstverständlich kann es nie irgendeine Rechtfertigung für Gewalt und Missachtung des menschlichen Lebens geben. Wie auch immer, die internationale Gemeinschaft kann die tiefer liegenden Gründe nicht länger übersehen, die besonders junge Leute dazu führen, an der Menschheit, dem Leben selbst und der Zukunft zu verzweifeln und eine Beute der Versuchungen zu Gewalt, Hass und Rache um jeden Preis zu werden.

Ansprache Papst Johannes Pauls II. an die Botschafterin Großbritanniens 2002

► Wie definiert Johannes Paul II. in seiner Antritts-Enzyklika* die Rolle der Kirche und die der Menschen? Was bedeutet in diesem Zusammenhang der Satz »Der Mensch ist der Weg der Kirche«?

Der Papst im Dialog mit den Konfessionen …

Assisi 1986: Zum ersten Mal in der 2000-jährigen Geschichte der Kirche hat Papst Johannes Paul II. Vertreter anderer christlicher Konfessionen und Religionsgemeinschaften zu einem gemeinsamen Friedensgebet der Weltreligionen eingeladen, das in der Basilika Santa Maria degli Angeli stattfand.

Die Kirche sieht sich selbst als »Sakrament, das heißt Zeichen und Werkzeug für die innigste Vereinigung mit Gott wie für die Einheit der ganzen Menschheit«. Sie sieht sich also in Beziehung zur gesamten großen Menschheitsfamilie, die ständig im Wachsen begriffen ist. Sie sieht sich selbst in weltweiten Dimensionen. Sie sieht sich auf den Wegen des Ökumenismus, das heißt der Vereinigung aller Christen, für die Christus selber gebetet hat und die in unserer Zeit von unbestreitbarer Dringlichkeit ist. Sie sieht sich ferner auch im Gespräch mit den Angehörigen der nichtchristlichen Religionen und mit allen Menschen guten Willens. Ein solcher Dialog ist ein Heilsdialog, der auch dem Frieden in der Welt und der Gerechtigkeit unter den Menschen dienen soll.

Apostolisches Schreiben Papst Johannes Pauls II. an die Jugendlichen in der Welt zum internationalen Jahr der Jugend, 15 (1985)

… und Religionen

Beten für den Frieden heißt beten für die Gerechtigkeit, für eine angemessene Ordnung innerhalb der Nationen und in ihren Beziehungen untereinander. Das heißt auch beten für die Freiheit, besonders für die Religionsfreiheit, die ein menschliches und ziviles Grundrecht eines jeden Individuums ist. Beten für den Frieden heißt dafür beten, die Vergebung Gottes zu erlangen und gleichzeitig im Mut zu wachsen, den jeder nötig hat, der seinerseits die erlittenen Verletzungen vergeben will.
Aus all diesen Gründen habe ich die Vertreter der Weltreligionen am kommenden 24. Januar nach Assisi eingeladen, um in der Stadt des heiligen Franziskus für den Frieden zu beten. Wir wollen damit zum Ausdruck bringen, dass das ehrliche religiöse Empfinden eine unerschöpfliche Quelle der gegenseitigen Achtung und des Verstehens unter den Völkern ist: genau darin liegt das wichtigste Gegenmittel gegen Gewalt und Konflikte. In dieser Zeit großer Besorgnis muss sich die Menschheitsfamilie auf die sicheren Gründe unserer Hoffnung besinnen. Gerade dies beabsichtigen wir in Assisi zu verkünden, indem wir – mit den eindrucksvollen, dem heiligen Franziskus zugeschriebenen Worten – den Allmächtigen Gott bitten, uns zu einem Werkzeug seines Friedens zu machen.

Botschaft zum Weltfriedenstag, Januar 2002

- ▶ Informiert euch über die interreligiösen Friedenstreffen in Assisi.
- ▶ Tragt Informations- und Bildmaterial zu Papst Johannes Paul II. zusammen und gestaltet eine kurze Biografie.

Ein Schiff, das sich Gemeinde nennt

Ein Schiff, das sich Gemeinde nennt,
fährt durch das Meer der Zeit.
Das Ziel, das ihm die Richtung weist,
heißt Gottes Ewigkeit.
Das Schiff, es fährt vom Sturm bedroht,
durch Angst, Not und Gefahr,
Verzweiflung, Hoffnung, Kampf und Sieg,
so fährt es Jahr um Jahr.
Und immer wieder fragt man sich:
wird denn das Schiff bestehn?
Erreicht es wohl das große Ziel?
Wird es nicht untergehn?

Bleibe bei uns, Herr!
Bleibe bei uns Herr,
denn sonst sind wir allein auf der Fahrt
durch das Meer.
O bleibe bei uns, Herr!

Das Schiff, das sich Gemeinde nennt,
liegt oft im Hafen fest,
weil sich's in Sicherheit und Ruh
bequemer leben lässt.
Man sonnt sich gern im alten Glanz
vergangner Herrlichkeit
und ist doch heute für den Ruf
zur Ausfahrt nicht bereit.
Doch wer Gefahr und Leiden scheut,
erlebt von Gott nicht viel.
Nur wer das Wagnis auf sich nimmt,
gelangt ans große Ziel!

Bleibe bei uns, Herr!
Bleibe bei uns Herr,
denn sonst sind wir allein auf der Fahrt
durch das Meer.
O bleibe bei uns, Herr!

Martin Gotthard Schneider

James Ensor, 1891

- Auf einem Schiff gibt es Matrosen, den Steuermann, den Kapitän und viele andere. Welche Aufgaben würdest du gerne übernehmen?
- Welche moderne »Ausrüstung« würdest du diesem Schiff verordnen?

4 Liebe – und tu, was du willst

Liebe ist 'ne seltsame Droge

Linda (15), Susanne (16) und Andreas (16) sind auf dem Heimweg von der Disco. An der Bushaltestelle lassen sie den Abend noch einmal Revue passieren.

LINDA: War doch 'ne super Veranstaltung, oder? Endlich mal wieder so richtig abgetanzt. War aber auch dringend nötig mit dem ganzen Stress zu Hause und in der Schule ... Irgendwie komm ich mir da zur Zeit einfach völlig fehl am Platze vor. Aber wozu gibt's das Wochenende und gute Freunde? *(lacht)*

SUSANNE: Das kannst du laut sagen. Ich schlepp mich auch nur noch in die nächsten Ferien. *(Wendet sich an Andreas:)* Hey, Andi, was sollte eigentlich die plumpe Anmache von der schrägen Tussi den ganzen Abend?

LINDA: Da fragst du noch? Ist doch immer dasselbe: Jungs wollen alle nur das Eine!

ANDREAS: So ein Schmarrn ... Und außerdem: Eigentlich wollt ihr Mädchen es ja überhaupt nicht anders!

SUSANNE: Das stimmt doch gar nicht! Die meisten Mädchen möchten erst einmal einen Freund, der ihnen zuhört und mit dem man auch mal seine Probleme besprechen kann. Bei euch geht es aber grundsätzlich nur nach dem Aussehen!

ANDREAS: Als ob das bei euch anders wäre! Ihr schmeißt euch doch auch immer nur an die Typen ran, die gut aussehen, Markenklamotten tragen und coole Sprüche klopfen.

LINDA: Natürlich gibt es Mädchen, bei denen so etwas Eindruck macht, aber das kannst du doch nicht so verallgemeinern.

ANDREAS: Ja klar, aber wenn ihr so einen großen Wert auf einen Freund legt, mit dem man reden kann, warum lasst ihr dann die Schüchternen, die sich nicht trauen ein Mädchen anzusprechen, einfach links liegen?

SUSANNE: Wir lassen sie doch gar nicht links liegen! Nur gibt es eben viel mehr Mädchen, die sich nicht trauen, einen Jungen anzusprechen als umgekehrt.

ANDREAS: Na, das wag ich aber mal zu bezweifeln. Ihr wartet doch immer nur darauf, dass euch einer aufreißt. Und wenn dann mal einer baggert, ist euch das auch wieder nicht recht, gell, Linda? Oder wie war das vorhin mit dem Typ an der Bar?

LINDA: Der hätte ja auch nicht gleich so direkt und plump zu sein brauchen ...

ANDREAS: Versteh ich nicht.

LINDA: Tu doch nicht so! Du weißt ganz genau, was ich meine. Wir brauchen eben etwas mehr Zeit für eine tiefe Freundschaft. Später kommt dann auch der Wunsch nach intimen Zärtlichkeiten.

SUSANNE: Stimmt. Und außerdem kann man heute ja auch nicht vorsichtig genug sein. Von wegen Aids und so …

ANDREAS: Was geht denn jetzt ab? Jetzt fehlen ja nur noch Papst und Kirche … Seit wann hast du's denn mit der Keuschheit? *(lacht)*

SUSANNE: Ist ja wieder mal typisch – erst nicht ausreden lassen und dann immer gleich alles ins Lächerliche ziehen. Ich meinte doch bloß, dass man nicht ständig das zu tun braucht, was andere tun. Ich finde nämlich schon, dass heute ein ganz schöner Druck auf einen ausgeübt wird. Und dann ist es oft leichter, sich anzupassen, als erst einmal selbst zu überlegen.

ANDREAS: Was gibt's denn da zu überlegen? Wenn ich mit einem Mädchen zusammen bin, das ich echt mag, dann fühle ich mich doch gerade frei von jedem Druck. Dann mach ich nämlich, was ich will. Das brauch ich dann einfach, um nicht an dem kaputtzugehen, was mir andere dauernd vorschreiben.

LINDA: Eigentlich hat er ja Recht. Bei mir ist das ganz ähnlich. Aber trotzdem hab ich manchmal das Gefühl, dass ihr Jungs mehr von uns erwartet, als wir geben wollen – und können … Und dann kann man sich auch in einer Beziehung unter Druck gesetzt fühlen. Ich will mich einfach noch nicht so total binden. Und das könnt oder wollt ihr dann nicht verstehen.

ANDREAS: Du mit deinen moralischen Vorstellungen. Die hab ich mir schon längst abgewöhnt.

SUSANNE: Das glaub ich dir nicht. Du willst es jetzt nur nicht zugeben. Ich finde, du machst es dir da etwas zu leicht …

In die entstehende Stille hinein dringt das Quietschen der Busbremsen und die drei Freunde steigen schweigend ein.

- ▶ Offensichtlich sind auch gute Freunde nicht immer einer Meinung, gerade, wenn sich die Diskussion um das Thema »Liebe« dreht. Tragt die Argumente, die im Lauf des Gesprächs vorgebracht werden, in einer tabellarischen Übersicht zusammen. Welchen Argumenten stimmt ihr zu, welchen nicht?
- ▶ Besprecht anschließend, inwiefern es sich dabei um »typisch« männliche, bzw. »typisch« weibliche Vorstellungen von der Liebe handelt.
- ▶ Das Gespräch der drei Freunde findet ein ziemlich abruptes Ende und vieles bleibt unausgesprochen. Bildet Dreiergruppen und setzt die Unterhaltung – im Bus oder am nächsten Tag in der Schule – fort. Macht euch Notizen und tragt/spielt eure Ergebnisse den anderen Gruppen vor.
- ▶ Kommentiert die Überschrift.
- ▶ Was kommt jeweils in den T-Shirt-Texten zur Sprache? Entwerft eigene Texte und gestaltet damit T-Shirts.

Denn sie wissen (nicht), was sie tun

Teenager haben immer früher Sex

Die Zahl der Schwangerschaften und Abtreibungen steigt – Experten raten zur Aufklärung in der dritten Klasse

VON ISABEL HARTMANN

München – Sie sind noch Kinder und bekommen selber welche – die Zahl der Teenager-Schwangerschaften in Deutschland steigt, genau wie die Schwangerschaftsabbrüche bei Kindern und Jugendlichen.

12845 Minderjährige wurden 2001 nach Angaben des Statistischen Bundesamtes schwanger, 1996 waren es 9490. Ähnlich sieht die Entwicklung bei den Abtreibungen aus: Zwischen 1996 und 2002 ist die Zahl der Schwangerschaftsabbrüche bei Mädchen unter 18 von 4724 auf 7443 gestiegen, 2002 entfiel jede zehnte Abtreibung auf die Gruppe der 10- bis 14-Jährigen.

»Mädchen sind heute viel früher geschlechtsreif«, nennt Sabine Anthuber, Oberärztin an der Frauenklinik des Klinikums Großhadern, als einen Grund der Entwicklung. Sie bekämen ihre Periode heute im Durchschnitt schon mit 11,4 Jahren.

»Wir müssen uns an diese Entwicklung anpassen«, fordert Anthuber. Die Aufklärung in der Schule sei nicht schlecht, müsse aber schon in der dritten oder vierten Klasse beginnen. Ähnliches gelte für die Aufklärung in der Familie: »Viele Eltern klären ihre Kinder in dem Alter auf, in dem sie ihren ersten Geschlechtsverkehr hatten«, hat Anthuber beobachtet.

Dann ist es aber oft schon zu spät, denn Teenager haben immer früher Geschlechtsverkehr: Mädchen machen im Durchschnitt mit 14,9 Jahren die ersten sexuellen Erfahrungen, Jungen mit 15,1 Jahren, so eine Studie der Bundeszentrale für gesundheitliche Aufklärung von 2001.

Bei der Aufklärung in der Familie spielen Mütter eine wichtigere Rolle als Väter, generell sind Mädchen zehn bis zwanzig Prozent besser aufgeklärt als Jungen.

»Oft haben die Jugendlichen das Wissen«, sagt Herrmann Hepp, Direktor der Frauenklinik des Klinikums Großhadern, »aber wenden es nicht an.« Zwölf Prozent der Mädchen und 15 Prozent der Jungen zwischen 14 und 17 Jahren verhüten laut der Studie der Bundeszentrale für gesundheitliche Aufklärung beim ersten Geschlechtsverkehr nicht. Hauptgrund: »Das erste Mal kommt so spontan, dass die Jugendlichen nicht ans Verhüten denken«, hat Anthuber festgestellt.

Beim zweiten und dritten Mal benützen schon 97 Prozent der Mädchen und 96 Prozent der Jungen Verhütungsmittel. Weitere Tendenz: Verhüten zwei Drittel der Minderjährigen beim ersten Mal mit Kondomen, schluckten immer mehr Mädchen die Pille, wenn die Beziehung fester wird.

Weitere Ursachen für Teenager-Schwangerschaften liegen bei der Anwendung der Kontrazeptiva: Die Pille wird vergessen, das Kondom reißt oder verrutscht. Trotzdem rät Anthuber: »Die beste Verhütung sind immer noch Kondome in Kombination mit der Pille.« Diese sollte aber nur nach einer eingehenden Untersuchung und Beratung verschrieben werden.

Süddeutsche Zeitung vom 23. Oktober 2003

- ▶ Wenn ihr diese Zahlen lest, seid ihr dann überrascht? Begründet eure Antworten.
- ▶ »Oft haben Jugendliche das Wissen, aber wenden es nicht an.« Was könnte die Ursache für dieses Verhalten sein?
- ▶ Wie erklärt ihr euch die Tatsache, dass Mädchen besser aufgeklärt sind als Jungen? Sollte Aufklärungsunterricht vielleicht wirklich bereits in der dritten Klasse stattfinden?
- ▶ Warum verschiebt sich die Verantwortung für die Verhütung in festen Beziehungen hin zu den Mädchen (z. B. Pille)?
- ▶ Erkundigt euch, welche Verhütungsmethoden von der katholischen Kirche akzeptiert werden und warum. Sprecht das Thema »verantwortungsvoller Umgang mit Sexualität« einmal im Biologieunterricht an. Erkundigt euch dabei besonders auch nach den Nebenwirkungen der verschiedenen Verhütungsmethoden (körperlich/seelisch).

Jungfrauen in schwieriger Situation

Es wird hart: Vertreterinnen der Keuschheitsbewegung aus den USA wollen die britische Jugend zur Tugend bekehren

VON CHRISTOPH SCHWENNICKE

London – Amanda Kelly ist 18 Jahre alt, Jungfrau, und hat auch vor, dies bis auf weiteres zu bleiben. Die junge Frau aus einem Städtchen namens Braintree in Massachussetts nahe Boston sagt, für sie sei dieses Jungfräulichkeitsgelübde bis zur Ehe etwas gewesen, mit dem sie groß geworden ist. Ein sehr gläubiges Elternhaus, eine 18 Monate jüngere Schwester, für die das auch keine Frage war. »Ich glaube wirklich fest daran, dass das der richtige Weg ist«, sagt sie.

Amanda Kelly hat sich auf eine schwierige Mission begeben. Mit etwa 30 weiteren jungen Leuten, vor allem Frauen, aus den USA will Amanda in Großbritannien für eine Vereinigung, die sich *Silver Ring Thing* nennt, die Jungfräulichkeit und Keuschheit preisen und Teenager davon abhalten, sich den promisken Freuden der Jugend hinzugeben. Großbritannien ist dafür so ziemlich das härteste Pflaster. Kein europäisches Land hat eine höhere Rate an Teenager-Schwangerschaften als die Insel, und nirgendwo grassieren Geschlechtskrankheiten derart unter jungen Leuten. Es gibt einen inneren Zusammenhang zwischen dem seltsamen Ritual des *binge drinking*, also dem Vorhaben, am Freitag und am Samstag möglichst besinnungslos betrunken zu sein und sich dann nicht alleine nach Hause oder ins geliehene Auto der Eltern zu begeben.

Die Idee von *Silver Ring Thing*, sich auf eine Mission ins angelsächsische Bruderland zu begeben, entstand, wie die Sprecherin der Organisation, Paula Jacobs, sagt, infolge eines BBC-Reports über die Aktivitäten der Jungfräulichkeitswächter in den USA. Es seien derart viele E-Mails und Reaktionen beim Sender eingegangen, dass mithilfe von Spenden der Ausflug der Unberührten ermöglicht wurde. Bei zunächst sieben Veranstaltungen in Großbritannien und Irland, die am Freitag in der *Holy Trinity Church* in Claygate bei London beginnen sollten, über Birmingham, Glasgow, Leeds, Belfast, Dublin und Manchester wollen die jungen Leute ihre Überzeugungen an Mann und an Frau bringen. Videoclips werden gezeigt, es gibt eine alkoholfreie Disco und eine Art Rap mit dem Slogan »*O no, don't give it away!*«.

Die Unberührten-Bewegung hat in den USA eine enorme Konjunktur, nicht zuletzt durch die Regierung des George W. Bush. Insgesamt 140 Millionen Dollar gibt die US-Administration in diesem Jahr zur Unterstützung der Abstinenzlehre aus. Es gibt einige Vereinigungen wie *Silver Ring Thing*, die das Aufklären der Jugend und die Propagierung von Verhütungsmitteln für einen falschen Weg halten.

So betont der Chef von *Silver Ring Thing*, Danny Pattyn, in den USA gebe es inzwischen 30 bekannte Geschlechtskrankheiten, wohingegen es 1960 nur zwei gegeben habe … Ähnlich argumentiert auch seine Platzhalterin in Großbritannien, Jacobs.

Amanda, die seit Dienstag in England ist, sagt, es sei ihr bisher sehr viel Interesse entgegengeschlagen. Die Meinung auf der Straße in Claygate scheint dennoch grundsätzlich skeptisch. Ein junges Mädchen namens Nicola, befragt von der *Times*, sagte, das, was die Missionare da anbrächten, sei nicht relevant für Teenager, die »reif genug sind, ihre Jungfräulichkeit mit 14 zu verlieren«. Harte Arbeit für Amanda.

Süddeutsche Zeitung vom 26./27. Juni 2004

- Sammelt Argumente, die für die Keuschheitsbewegung sprechen. Wie steht ihr persönlich dem Anliegen von *Silver Ring Thing* gegenüber?
- Informiert euch im Internet über ähnliche Organisationen und deren Aktionen.

Die Kapitelüberschrift deuten

»Liebe – und tu, was du willst!«, dieser Satz, der auch die Überschrift für das vorliegende vierte Kapitel ist, stammt von dem Kirchenvater Augustinus*. Was hat er wohl damit aussagen wollen? Arbeitet auch die Missverständlichkeiten dieses Satzes an Beispielen heraus.

Bildspaziergang durch das Titelbild

Macht doch einmal einen Bildspaziergang durch das Titelbild [77]. Es trägt den Titel »David* und Batseba«.

Wo würdet ihr den Spaziergang beginnen, d. h., welche Szene ist wohl die erste, zweite usw.? Wie wird die Thematik aufgearbeitet? Wie erklärt ihr euch die vorherrschende Farbe Rot? Was gibt es zur Körperhaltung der Figuren, deren Proportionen, ihrer Gestik und Mimik zu sagen? Was hat es mit der farblichen Gestaltung insgesamt auf sich? Welchen Gesichtsausdruck würdet ihr den Figuren geben? Versprachlicht die einzelnen Szenen (z. B. mithilfe von inneren Monologen).

Liebe ist 'ne seltsame Droge

Im einführenden Dialog [79] bleibt vieles unausgesprochen. Bildet »Paare«, von denen eine/r den/die andere/n »anzumachen« versucht. Worauf würdet ihr selbst Wert legen und: Gibt es dabei Unterschiede zwischen Mädchen und Jungen?

Alternativ könnt ihr euch Situationen überlegen (und diese auch spielen), in denen z. B. ein Mädchen zur Sprache kommt, das Männer nur ausnützt (und umgekehrt), bzw. eine Frau, die bisher stets von Männern enttäuscht wurde. Lasst eurer Kreativität einfach freien Lauf und lasst – wenn möglich – eure eigenen Erfahrungen mit einfließen.

Liebe ist …

Drückt in einem Gedicht, einer E-Mail, einer SMS oder vielleicht mit einem selbstgetexteten und -vertonten Lied aus, was Liebe für euch ganz persönlich bedeutet, und fertigt ein »Buch«/eine CD eurer gesammelten Werke an. Wenn möglich, stellt eure Sammlung auf der Schul-Homepage bzw. auf www.religionvernetzt.de ein.

»Sex sells« – »No sex« aber auch

Teilt eure Klasse in Gruppen ein. Jede Gruppe repräsentiert eine Werbeagentur, die die Werbekampagne für ein neues – trendy – Produkt entwirft (einigt euch vorher auf eines) und dabei auf *Sex-Appeal* völlig verzichtet.

Stellt eure Entwürfe im Plenum vor und vergleicht die Ergebnisse mit existierenden Werbungen zum gleichen/einem ähnlichen Artikel, wo nicht auf *Sex-Appeal* verzichtet wird. Welche Unterschiede in der Wirkung bzw. der Werbekraft stellt ihr fest? Wen spricht die Werbung dabei jeweils an (Jugendliche, Frauen, Männer, etc.) und warum?

Fragebogen

Entwickelt gemeinsam einen Fragebogen, mit dessen Hilfe ihr andere Klassen zu den Themen dieses Kapitels befragt (z. B. Freundschaft bedeutet für mich …, Liebe ist …), und wertet die Ergebnisse anschließend aus. Sind Aussagen dabei, die ihr so nicht erwartet hättet? Sprecht darüber.

LiZA

Erkundigt euch im Internet auf der Homepage des Bayerischen Kultusministeriums über das Projekt »Liebe in Zeiten von Aids« (LiZA) und entwickelt in Kleingruppen eine eigene Kampagne zum Schutz vor Aids. Nehmt auch Kontakt zu Beratungszentren vor Ort auf, um mit deren Hilfe eine Unterrichtseinheit zu diesem Thema zu erstellen.

Straftaten gegen das ungeborene Leben

Erarbeitet in Partnerarbeit Argumente für eine anschließende – sachlich geführte – Debatte. Holt dazu – z. B. im Internet – Erkundigungen zum Thema »Straftaten gegen das ungeborene Leben – Der Schwangerschaftsabbruch« ein. Welche Position vertritt die katholische Kirche? Vielleicht ist ein Elternteil aus eurer Religionsgruppe als Arzt/Ärztin, Rechtsanwalt/-anwältin oder in der Schwangerenberatung tätig. Bittet sie/ihn, zu einem Gespräch über dieses Thema zu euch in den Unterricht zu kommen. Erkundigt euch dabei v. a. auch über die Schicksale, die sich oftmals hinter der Entscheidung abzutreiben verbergen. Wie ist eure persönliche Einstellung zu dieser Thematik?

Akrostichon

Bildet – analog zu 100 – selbst ein Akrostichon zu den Hauptinhalten dieses Kapitels wie »Freundschaft«, »Liebe«, »Erotik« etc. und ergänzt zu jedem Buchstaben einen Satz. Stellt eure Akrosticha in der Klasse (an der Tafel oder am Overhead-Projektor) vor.

Wer weiß noch ...

... was die Bibel über die Erschaffung von Mann und Frau (Gen 1 – 3) berichtet?

... wie sich Jesus gegenüber der Ehebrecherin verhalten hat (vgl. Joh 8,1-11)?

Ergänzt euer Wissen durch einen Klick auf www.religionvernetzt.de.

Eigenschaften der Liebe

Überlegt euch gemeinsam eine »Stufenleiter der Zärtlichkeiten«. Wie könnte diese aussehen? Wie viele Stufen hätte sie? Wodurch würde sich jede der Stufen auszeichnen und: Wie wären die Übergänge von Stufe zu Stufe?

Die Sprache der Liebe

Sicher kennt ihr viele Lieder, die sich mit dem Thema »Liebe« bzw. »Mann« und »Frau« beschäftigen (z. B. »Männer« von Herbert Grönemeyer oder »Frauen« von JBO). Tragt diese einmal zusammen und vergleicht das jeweils transportierte Bild von der »Liebe« sowie von »Mann« und »Frau« mit dem biblischen sowie eurem eigenen. Vergesst dabei nicht, auch die musikalische Umsetzung (Gesang, Instrumentierung, etc.) mit einzubeziehen.

»Reality Bites«?

Wenn ihr auch einer der vielen täglichen »Seifenopern« verfallen seid, dann arbeitet doch einmal in Gruppen von Gleichgesinnten die aktuellen Beziehungsprobleme, wie sie in eben diesen »Soaps« zur Sprache kommen, kritisch heraus und stellt sie (mit aussagekräftigen Beispielen) in der Klasse vor.

Die Entstehung der Liebe

Im Dialog »Das Gastmahl« (Symposion) von Platon (428/427-348/347 v. Chr.) erzählt der Dichter Aristophanes den Mythos von der ursprünglichen Kugelgestalt des Menschen. Diese Geschichte hat bis heute nichts von ihrer Faszination verloren. Sie wird z. B. in einem Lied aus »Hedwig and the Angry Inch«, einem Musical von Cameron Mitchell und Stephen Trask, nacherzählt:*

Doris Herschke, 2006

Doris Herschke, 2005

The Origin of Love

When the earth was still flat
And the clouds made of fire
And mountains stretched up to the sky
Sometimes higher
Folks roamed the earth
Like big rolling kegs
They had two sets of arms
They had two sets of legs
They had two faces peering
Out of one giant head
So they could watch all around them
As they talked while they read
And they never knew nothing of love
It was before
The origin of love

Now there was three sexes then
One that looked like two men
Glued up back-to-back
They're called the children of the sun
and similar in shape and girth
Was the children of the earth
They looked like two girls rolled up in one
And the children of the moon
Looked like a fork shoved on a spoon
They was part sun, part earth,
Part daughter, part son
The origin of love

Now the gods grew quite scared
Of our strength and defiance
And Thor said
»I'm gonna kill 'em all with my hammer
Like I killed the giants.«
But Zeus said, »No, you better let me use
My lightning like scissors
Like I cut the legs off the whales,
Dinosaurs into lizards.«
And then he grabbed up some bolts,
He let out a laugh
Said, »I'll split them right down the middle,
Gonna cut them right up in half.«

And the storm clouds gathered above
Into great balls of fire

And then fire shot down from the sky in bolts
Like shining blades of a knife
And they ripped right through the flesh
Of the children of the sun and the moon
and the earth
And some Indian god
Sewed the wound up into a hole
Pulled it round to our bellies to remind us
The price we pay
And Osiris, and the gods of the Nile
Gathered up a big storm to blow a hurricane
To scatter us away
In a flood of wind and rain
A sea of tidal waves
To wash us all away
And if we don't behave
They'll cut us down again
And we'll be hopping around on one foot
Looking through one eye

The last time I saw you
We'd just split in two
You was looking at me
I was looking at you
You had a way so familiar
I could not recognise
'Cause you had blood on your face
I had blood in my eyes
But I could swear by your expression
That the pain down in your soul
Was the same as the one down in mine
That's the pain
That cuts a straight line down through the heart
We call it love
We wrapped our arms round each other
Tried to shove ourselves back together
We was making love,
Making love
It was a cold, dark evening such a long time ago
When, by the mighty hand of Jove
It was a sad story how we became
Lonely, two-legged creatures
The story of the origin of love
That's the origin of love
Oh yeah
The origin of love …

Cameron Mitchell

Doris Herschke, 2005

Aristophanes fasst zusammen:

»Jeder von uns ist also ein Stück von einem Menschen, da wir ja zerschnitten, wie die Schollen, aus einem zwei geworden sind. Also sucht nun immer jeder sein anderes Stück.«

- Erläutert, warum der Mensch nach dieser Erzählung liebt. Welche Erfahrungen zwischen den Menschen lassen sich mit diesem Mythos erklären?
- Betrachtet die Bilder auf dieser Doppelseite. Wie verarbeitet die Künstlerin in ihnen die Themen des Mythos? Entsprechen sie euren eigenen Vorstellungen von den Kugelwesen?
- Was meint ihr: Wie sehen die »Kinder des Mondes« aus? Zeichnet, malt, gestaltet (aus Ton o. Ä.) das »dritte Geschlecht«, das im Lied angesprochen wird.
- Man hört immer wieder, dass Menschen füreinander bestimmt oder füreinander geschaffen seien. Was haltet ihr davon?
- Erzählt und gestaltet eure eigene Geschichte von der Entstehung der Liebe.

Nächstenliebe – Erotik – Sexualität: biblische Positionen

Liebe hat viele Eigenschaften. Diese lassen sich nach drei verschiedenen Gesichtspunkten gliedern:

AGAPE: helfende Liebe der Menschen untereinander;

EROS: zärtliche Liebe, die auch körperliche und geistig-seelische Beziehung einschließt;

SEXUS: triebhafte Liebe, Geschlecht(strieb).

Diese drei »Grundaspekte« der Liebe durchdringen und ergänzen sich gegenseitig:
So wie die triebhafte Liebe (*Sexus*) der zärtlichen Liebe (*Eros*) bedarf, um tief und menschlich zu werden, so bedarf der Eros seinerseits der Nächstenliebe (*Agape*), um den anderen/die andere so anzunehmen, wie er oder sie ist, mit allen Fehlern und Vorzügen.

... im Alten Testament

Bereits auf den ersten Seiten der Bibel werden ganz zentrale Aussagen über Mann und Frau, über Liebe und Sexualität getroffen. Sie zeigen die tiefe Verwurzelung dieses intimsten menschlichen Bereichs im Glauben des Volkes Israel an den guten Schöpfergott. So lehnte man etwa die leibfeindliche Unterdrückung, ja geradezu Verteufelung der Sexualität (z. B. bei den Persern) genauso entschieden ab, wie deren rauschhafte Übersteigerung und Vergötzung (z. B. bei den Kanaanäern).
Der Mensch in seiner geschlechtlichen Verschiedenheit von Mann und Frau ist der Mensch »nach dem Abbild Gottes«. Partnerschaft und Gemeinschaft in der Liebe, Zeugung und Fortpflanzung machen die Würde des Menschen aus, lassen ihn teilhaben am schöpferischen Wirken Gottes.

Doch wusste man in Israel auch, dass die Sexualität des Menschen, dieser innerste Bereich, der tiefe menschliche und religiöse Erfahrungen berührt, besonderen Gefährdungen ausgesetzt ist. Um deshalb die Würde von Mann und Frau, wie auch den Bestand von Partnerschaft, Ehe und Familie – und damit das Wohl des ganzen Volkes – zu sichern, zog man mit der sechsten Weisung des Dekalogs* eine eindeutige Grenze: »Du sollst nicht die Ehe brechen.« (Ex 20,14)

... im Neuen Testament

Auch im Neuen Testament ist an vielen Stellen von Liebe, Ehe, Treue, Ehebruch und damit von menschlicher Sexualität die Rede. Es fällt dabei v. a. Jesu entschiedenes Eintreten für das Recht und die Würde

- ► Tragt Wesensmerkmale bzw. Eigenschaften der Liebe zusammen und bringt sie jeweils mit den »Grundaspekten« *Agape*, *Eros* und *Sexus* in Verbindung. Wo und warum ergeben sich Überschneidungen? Wie würdet ihr dies grafisch darstellen?
- ► Sucht in Zeitungen und Magazinen nach Bildern, die diese Wesensmerkmale verdeutlichen.
- ► Sowohl die erste wie auch die zweite Schöpfungserzählung (Gen 1,1 – 2,4a bzw. Gen 2,4b-25) zeigen, dass sich das Menschsein ganz wesentlich und ursprünglich im Mann- und Frausein vollzieht. Woraus lässt sich dies jeweils erkennen?
- ► Die zweite Schöpfungserzählung (Gen 2,4b-25) kennt ebenso wie die griechische Mythologie (vgl. 84 f.) eine ursprüngliche Einheit des Menschen. Worin liegt der Unterschied zum Lied *The Origin of Love* bzw. zum griechischen Mythos von den Kugelmenschen begründet? Fertigt in Partnerarbeit eine Gegenüberstellung an.

Doris Herschke, 2004

der Frau auf, wodurch er sich nicht nur gegen bestimmte Richtungen seiner Umwelt stellt, sondern sich auch von vielen anderen Religionen und Vorstellungen, die es bis heute gibt, abhebt. Frauen gehören von Anfang an zu seinem Jünger- und engsten Freundeskreis. Für ihn sind sie den Männern gleichwertig.

Zwar gibt es im Neuen Testament keinen genauen Pflichten- und Sündenkatalog für die menschliche Sexualität, doch weist es alle Christen darauf hin, Freiheit nicht mit Beliebigkeit zu verwechseln. Es fordert alle auf, die zur Gemeinde Jesu gehören wollen, ihr ganzes Verhalten, und damit auch das Sexualverhalten, am Hauptgebot der Liebe auszurichten.

- Wenn in der Bibel die Liebe zur Sprache kommt, bezieht sie sich immer auf Gott, den Mitmenschen und auf das eigene Ich. Zwischen diesen drei Polen bewegt sich der Mensch und für ein gelingendes Leben müssen sie in einem ausgewogenen Verhältnis zueinander stehen (vgl. Mk 12, 28-34). Überlegt, was es mit den einzelnen Begriffen (Gottesliebe, Selbstliebe, Nächstenliebe) auf sich hat und was passiert, wenn ein Aspekt wegfällt.
- Wie sich Dekalog* (Ex 20,1-17) und dreifaches Liebesgebot (Mk 12,28-34) zueinander verhalten, könnt ihr im Brief des Apostels Paulus an die Gemeinde in Rom (Röm 13,8b-10) nachlesen. Warum darf man die dreifache Liebe nicht auseinanderreißen?
- »Ich liebe meinen Nächsten wie mich selbst.« – »Ich bin mir selbst der Nächste.« Tauscht euch über den Sinn beider Sätze aus.

Gleichgeschlechtliche und andere Partnerschaftsformen

Die katholische Kirche vertritt zum Thema Sexualität und Partnerschaft eine Position, die in der modernen Gesellschaft nicht unumstritten ist. Papst Benedikt XVI. hat sie 2005 bei der Eröffnung einer Pastoraltagung zum Thema Familie im folgenden Wortlaut begründet:

Ehe und Familie sind in Wirklichkeit keine soziologische Zufallskonstruktion, sie sind nicht das Ergebnis besonderer historischer und wirtschaftlicher Situationen. Im Gegenteil, die Frage der richtigen Beziehung zwischen Mann und Frau hat ihre Wurzeln im tiefsten Wesen des Menschseins und kann ihre Antwort nur von daher finden. Das heißt, sie kann nicht getrennt werden von der alten und immer neuen Frage des Menschen über sich selbst: Wer bin ich? Was ist der Mensch? Und diese Frage kann ihrerseits nicht von der Gottesfrage getrennt werden: Existiert Gott? Und wer ist Gott? Wie ist sein wahres Gesicht? Die Antwort der Bibel auf diese beiden Fragen ist einheitlich und folgerichtig: Der Mensch ist nach dem Bild Gottes geschaffen, und Gott selbst ist Liebe. Daher ist die Berufung zur Liebe das, was den Menschen zum echten Ebenbild Gottes macht: Er wird in dem Maße Gott ähnlich, in dem er ein Liebender wird ...

Konkret erschließt das persönliche und gegenseitige »Ja« von Mann und Frau den Raum für die Zukunft, für das wahre Menschsein eines jeden von ihnen und ist zugleich für das Geschenk eines neuen Lebens bestimmt. Daher muss dieses persönliche »Ja« auch ein öffentlich verantwortetes »Ja« sein, mit dem die Ehegatten die öffentliche Verantwortung für ihre Treue übernehmen, die auch die Zukunft der Gemeinschaft sichert ...

Die verschiedenen heute festzustellenden Auflösungstendenzen bezüglich der Ehe, wie uneheliche Lebensgemeinschaften und die »Ehe auf Probe«, bis hin zur Pseudo-Ehe zwischen Personen des gleichen Geschlechts sind hingegen Ausdruck einer anarchischen Freiheit, die sich zu Unrecht als wahre Befreiung des Menschen ausgibt. Eine solche Pseudofreiheit beruht auf einer Banalisierung des Körpers, die unvermeidlich die Banalisierung des Menschen einschließt. Sie unterstellt, dass der Mensch mit sich machen könne, was er wolle: Sein Körper wird so zu einer zweitrangigen Sache, vom menschlichen Standpunkt aus betrachtet etwas Manipulierbares, von der er nach Belieben Gebrauch macht ...

Auch in der Zeugung der Kinder spiegelt die Ehe ihr göttliches Vorbild, Gottes Liebe zum Menschen, wider. Bei Mann und Frau lassen sich Vaterschaft und Mutterschaft, ebenso wie der Körper und die Liebe, nicht auf das Biologische eingrenzen: Das Leben wird nur dann ganz weitergegeben, wenn mit der Geburt auch die Liebe und der Sinn weitergegeben werden, die es ermöglichen, zu diesem Leben Ja zu sagen. Von daher wird ganz klar, wie sehr es der menschlichen Liebe, der tiefen Berufung von Mann und Frau widerspricht, ihre Verbindung systematisch gegen das Geschenk des Lebens zu verschließen und noch mehr, das werdende Leben zu beseitigen oder zu verletzen.

Papst Benedikt XVI.

- Papst Benedikt XVI. stellt einen direkten Zusammenhang zwischen der Gottebenbildlichkeit der Menschen und deren Berufung zu Ehe und Familie her. Versucht, dieses Menschenbild* in eigenen Worten nachzuvollziehen.
- Warum wendet sich der Papst in seinem Schreiben gegen alle außerehelichen Partnerschaftsformen einschließlich der »Pseudo-Ehen zwischen Personen des gleichen Geschlechts«?
- Vergleicht die Ausführungen des Papstes mit den Aussagen des Katechismus der Katholischen Kirche Nr. 2357ff.
- Beurteilt selbst, was für euch in einer Partnerschaft wichtig ist, und fragt Freunde, Eltern und Verwandte eures Vertrauens, was ihre Beziehung trägt bzw. warum manche Beziehungen auseinandergegangen sind. Was bedeutet ihnen die Ehe? Natürlich ist die Beantwortung solcher intimer Fragen freiwillig.
- Wie steht ihr zu der These, dass Homosexualität im Biologieunterricht und nicht im Religionsunterricht behandelt werden sollte?

Doris Herschke, 2006

Homosexualität

Während Heterosexualität (griech. *hetero* = verschieden, anders) die Neigung des Menschen auf einen Partner/einer Partnerin des anderen Geschlechts bezeichnet, zielt die homosexuelle Liebe (griech. *homo* = gleich) auf Menschen des gleichen Geschlechts. Es gibt unterschiedliche Formen der Homosexualität:

Entwicklungsbedingte Homosexualität
Homosexuelle Handlungen in der Pubertät sind häufig vorübergehend und werden später von heterosexuellen Verhaltensweisen abgelöst.

Neigungshomosexualität
Die lesbische Frau oder der schwule Mann fühlt sich sein ganzes Leben lang ausschließlich vom gleichen Geschlecht angezogen. Man rechnet, dass zwischen drei und fünf Prozent der Frauen und Männer der Bundesrepublik durch eine solche dauerhafte Prägung homosexuell veranlagt sind; wobei die weibliche Homosexualität oder lesbische Liebe etwas weniger häufig auftritt. Die Betroffenen haben diese Veranlagung nicht selbst gewählt. Oft werden sie als Minderheit diskriminiert und als Außenseiter abgestempelt. Bis zum Jahre 1969 stand Homosexualität unter Strafe. Eine große Zahl von Homosexuellen strebt nach einer festen Partnerschaft oder lebt in dauerhaften Beziehungen. Deshalb sind amtliche Registrierungen oder zivile »Eheschließungen« in einigen Ländern möglich.

Bisexualität
Beziehungen werden zu gleichgeschlechtlichen wie zu andersgeschlechtlichen Partnern aufgenommen.

Sex sells

»Hey, habt ihr schon die neue Jeanswerbung gesehen? Echt cool, oder?«
Claudia, ihres Zeichens Redakteurin bei der Schülerzeitung *Sprachrohr,* reicht das aufgeschlagene Modemagazin an ihre zu einer Sitzung versammelten Kolleginnen und Kollegen weiter. »Na, mit so 'nem Körper ist das ja auch keine Kunst«, Britta blättert lustlos in der Zeitschrift herum und merkt dabei gar nicht, wie sie Michael anstarrt. »Kunst, Kunst … Mensch, Britta, das ist die Idee für die nächste Ausgabe, endlich mal ein richtiger Knaller!« Michael, als Fotoreporter immer auf der Suche nach neuen Motiven, kann sich kaum noch bremsen. »Wie wär's, wenn wir eine Beilage – als Kalender oder so – gestalten. Mit ansprechenden Aufnahmen unserer … sagen wir … Sportleistungskursler? Und das Ganze ebenfalls für einen guten Zweck … die Aidshilfe oder so.«
Gesagt, getan. Nach der Schule passen die beiden den Sportleistungskurs vor der Halle ab und werben für ihre Idee. Lange brauchen sie sich gar nicht zu bemühen, denn vier Jungs und drei Mädchen sagen sofort begeistert zu. Nur Marianne steht zunächst etwas betreten herum und murmelt etwas von: »Also, ich weiß nicht so recht …«
»Ach was, Marianne«, schaltet sich jetzt Birgit ein, »es ist doch für einen echt guten Zweck und zu schämen brauchst du dich ja nun wirklich nicht. Hast doch eh Modelmaße. Wer weiß, vielleicht wird das ja noch dein Durchbruch.«
Nach einigem Hin und Her lässt sich Marianne schließlich überreden und willigt ein.
Am nächsten Morgen fällt Mariannes Blick auf ein Plakat, das die neue Ausgabe des *Sprachrohr* ankündigt: In Bildzeitungsmanier prangt darauf ein Hinweis auf die Thematik: »Aids – die nackten Tatsachen«, und das Gespräch von gestern Mittag fällt ihr wieder ein. Plötzlich kommen ihr starke Bedenken, ob sie mit ihrer Zusage wirklich die richtige Entscheidung getroffen hat …

- Stellt euch vor, Marianne trifft die anderen Mädchen im Sportunterricht und unterhält sich nochmals mit ihnen. Wie könnte das Gespräch mit ihnen – oder später in der Pause mit Claudia und Michael – verlaufen? Bildet Kleingruppen und schreibt zur jeweiligen Situation einen Dialog, den ihr anschließend vorspielt. Tauscht euch im Anschluss an die Darbietung untereinander aus.
- Es ist eine Sache, für einen »guten Zweck« mit »Sex-Appeal« zu werben, eine andere jedoch, jedes beliebige Produkt damit zu bewerben, um den Umsatz zu steigern, oder etwa nicht? Diskutiert in diesem Zusammenhang z. B. die Plakate der Tierschutzorganisation PETA gegen das Tragen von Pelzen (www.peta.de/promis).
- Erstellt eine Collage mit Produkten, für die sexuell aufreizend geworben wird, und findet heraus, wer die primäre Zielgruppe ist und welches Menschenbild* sich dahinter verbirgt.

- Kommentiert den Cartoon »Werner am Mittag«. Stellt anschließend mithilfe von Fernsehzeitschriften eine Liste von Filmen, Reportagen und Talkshows zusammen, die sich mit dem Thema »Sex/Liebe« beschäftigen, und setzt euch kritisch damit auseinander. Lasst dabei auch eure eigenen »Erfahrungen« mit einfließen.
- Was meint ihr: Sind Heranwachsende im Zeitalter von Fernsehen und Internet besser aufgeklärt als früher? Beziehen Kinder und Jugendliche ihr Wissen auch aus dem Fernsehen? Was brauchen Heranwachsende, um ein gesundes Bild von Sexualität und Liebe entwickeln zu können?

Verkauft, versklavt, zum Sex gezwungen

Anas Albtraum

Für Ana (Name geändert) ist der Albtraum noch nicht vorbei. Die 17-Jährige leidet unter Depressionen und ständigen Kopfschmerzen. Bittere Armut, ein trinkender, prügelnder Vater – das sind ihre Kindheitserinnerungen. Mit 15, endlich, wollte Ana wie viele junge Leute den Sprung ins verlockende Ausland wagen.
Doch die Seifenblase zerplatzte schnell: Die Frau, die ihr und einer Freundin Hilfe anbot, verkaufte sie an Menschenhändler. Tagelang wurden die Mädchen zwischen Rumänien, Serbien, Mazedonien und Bosnien hin und her geschoben. Wie Waren wurden sie begutachtet. Sie mussten sich ausziehen und potenziellen »Käufern« gar die Zähne zeigen. Schließlich wurde Ana für umgerechnet 1500 Euro an einen Barbesitzer verkauft.
Nun musste sie Striptease tanzen, mit den Kunden trinken und ihren Körper anbieten. Ana wurde vergewaltigt und geschlagen. Schlafen musste sie auf einer Matratze im Raum über der Bar. Dreimal wurde das Mädchen weiterverkauft, ein Fluchtversuch endete mit einer gebrochenen Nase. Ein Brief an ihre Mutter war schließlich die Rettung: Polizisten fanden Ana und brachten sie in das vom Internationalen Büro für Migration (IOM) betreute Heim in Chisinau. Ana hat noch immer Angst vor Autos mit einer bestimmten Farbe, Angst vor den Männern. Sie traut sich nicht in ihr Dorf. Weil sie sich schämt. Und weil sie nicht weiß, wie das Leben dort weitergehen soll.

Der Kampf gegen das große Geschäft mit der Ware Frau

Sr. Lea Ackermann

SOLWODI *(SOLidarity with WOmen in DIstress*/Solidkrität mit Frauen in Not) ist ein überkonfessioneller und überparteilicher Verein, der Frauen in Notsituationen hilft. Der Ursprung liegt in Mombasa, Kenia, wo die Initiative 1985 ins Leben gerufen wurde.
Während eines Arbeitsaufenthaltes erfuhr die Ordensfrau und Lehrerin Dr. Lea Ackermann in Gesprächen mit afrikanischen Frauen, die in Bars und Bordellen arbeiten, von der großen Not und dem Elend der Prostituierten. Mit dem Ziel, diesen Frauen zu finanzieller Eigenständigkeit zu verhelfen und über einen anerkannten und respektierten Beruf ihr Selbstwertgefühl zu stärken, gründete sie noch im gleichen Jahr SOLWODI.

► Informiert euch in Gruppen genauer über die Situation im weltweiten Kampf gegen Kinderhandel und Zwangsprostitution. Ausgangspunkt für ein Klassenprojekt könnten dabei die Homepages von UNICEF und SOLWODI sein. Auf der Homepage des »Aktionbündnis gegen Frauenhandel« könnt ihr des Weiteren einen Überblick über aktuelle Projekte gewinnen.

Doris Herschke, 2005

Seit 1997 ist SOLWODI e. V. als eine Nichtregierungsorganisation (NGO) in Kenia anerkannt. Seine Aufgabe ist es, Beratungsstelle, Ausbildungsvermittlung und Werkstatt zugleich zu sein.
Bald erkannte Schwester Lea, dass in Deutschland ausländische Ehefrauen, illegale Arbeitnehmerinnen und ausländische Prostituierte gleichfalls rechtlich und gesellschaftlich ungeschützt leben. Daher gründete sie 1987 in Deutschland den gemeinnützigen Verein SOLWODI e.V.

SOLWODI ist eine Anlaufstelle für ausländische Frauen, die durch Sextourismus, Menschenhandel und Heiratsvermittlung nach Deutschland gekommen sind. Daraus ergeben sich einige der vielen Arbeitsschwerpunkte von SOLWODI:

- Psychische und soziale Betreuung von Opfern.
- Rechtliche Beratung und Betreuung von Zeuginnen in Gerichtsverfahren gegen Menschenhandel.
- Bereitstellung von Hilfe für diejenigen Frauen, die in ihre Heimat zurückkehren wollen.

► Betrachtet das Bild etwa zwei Minuten still. Stellt Zusammenhänge mit den anderen Bildern in diesem Kapitel her (z. B. über das wiederkehrende Motiv der Krone). Welche Gefühle ruft das Bild in euch wach? Versucht, diese in ein Gedicht zu fassen, und gebt dem Bild/eurem Gedicht einen passenden Titel.

Aids als Problem von Gesellschaft und Kirche

Wohl kaum eine Krankheit hat Kirche und Gesellschaft in den letzten Jahrzehnten mehr in Atem gehalten als die sich explosionsartig ausbreitende Immunschwächekrankheit Aids *(acquired immune deficiency syndrome)*. Als praktisch unheilbare und auch sexuell übertragbare Krankheit erfährt und durchleidet die Gesellschaft an ihr die unbewältigte Begegnung mit dem Tod und das schwierige und abwehrbehaftete Verhältnis zur Sexualität. Die Angst vor Ansteckung an HIV (*human immunodeficiency virus,* englisch für »menschliches Immunschwächevirus«) erklärt sich als Angst vor dem Tod und vor der als unberechenbar empfundenen Kraft der menschlichen Sexualität. Diese Ängste führen oftmals zur Verachtung und Entrechtung der Opfer in der gesunden Bevölkerung.

Dabei wird fast völlig vergessen, dass die HIV-Infektion und ihre mögliche letzte Folge, das Vollbild von Aids, eine Krankheit ist wie jede andere auch, wenn auch das Umfeld extrem kompliziert ist. Doch hat das Wissen um die Ausbreitung von Aids auch dazu geführt, dass Menschen im sexuellen Bereich ihre besondere Verantwortung erkennen und eine mögliche Ansteckung unter allen Umständen zu vermeiden suchen. Denn wer dies nicht tut, setzt nicht nur seine eigene Gesundheit – und sein Leben – aufs Spiel, sondern auch Gesundheit und Leben seines Partners/seiner Partnerin – womöglich sogar das Leben eines Kindes. So sind ein verantwortungsbewusster Umgang mit Sexualität und partnerschaftliche Treue der sicherste Schutz vor einer HIV-Infektion.

Zahl der Aids-Kranken wächst auch in Bayern

München – Die Zahl der Aids-Neuinfektionen steigt auch in Bayern wieder an. Darauf hat der Landes-Caritas-Verband in München hingewiesen. Gründe seien das nachlassende persönliche Problembewusstsein und die Verdrängung des Themas aus der öffentlichen Diskussion. Im Freistaat steckten sich jährlich etwa 300 Menschen mit dem Virus an, mehr als drei Viertel davon seien Männer, teilte die Caritas unter Berufung auf eine Statistik des Robert-Koch-Instituts in Berlin mit. 60 Prozent der Neuinfektionen gingen auf homosexuelle Kontakte zurück. Jeder Fünfte habe sich in Afrika oder Asien in Gebieten mit hohen Aids-Raten angesteckt. Seit Beginn der Epidemie vor 20 Jahren hätten sich in Bayern etwa 9500 Personen infiziert, 3300 seien inzwischen gestorben.

Süddeutsche Zeitung vom 27./28. November 2004

Liebe in Zeiten von Aids wird Unterrichtsthema

München – Aids-Prävention soll an Bayerns Schulen stärker thematisiert werden. Gestern stellten das Kultus- und das Gesundheitsministerium ihr Programm LiZA (»Liebe in Zeiten von Aids«) vor, das künftig in der achten und neunten Klasse insgesamt 21 Unterrichtseinheiten einnehmen soll. Selbstwertgefühl und soziale Kompetenz der Schüler sollen so gestärkt werden – und damit ihre Sicherheit und ihr Verantwortungsbewusstsein beim Umgang mit Sexualität. Zugleich soll den Jugendlichen »fundiertes medizinisch-biologisches Wissen über Aids« vermittelt werden. Hintergrund der Initiative ist, dass die Kenntnisse der Schüler über die Immunschwäche-Krankheit stark zurückgegangen sind. Zugleich ist die Sorglosigkeit, etwa beim ersten Geschlechtsverkehr, offenbar gestiegen.

Süddeutsche Zeitung vom 3. Dezember 2004

Aids verändert Theologie posit(h)iv

Tagung vom 11. bis 13. November 2004 in der Evangelischen Akademie Bad Boll

HIV/Aids kennt keine kulturellen, konfessionellen und nationalen Grenzen. Die weltweite Kirche, die wie kaum eine andere Gemeinschaft diese Grenzen zu überbrücken vermag, trägt in der Bekämpfung und Aufklärung eine besondere Verantwortung. Die theologische Auseinandersetzung mit dem Phänomen HIV/Aids wird weltweit zur Bewährungsprobe gelebten christlichen Glaubens: Was bedeutet die Rede von dem einen Leib (1Kor 12,12-31), wenn Menschen mit HIV/Aids gezielt ausgegrenzt werden? Wie können die Kirchen über Heil und Heilung, Sterben und Tod sprechen angesichts des millionenfachen unzeitigen Sterbens und unglaublichen Leides? Welchen Sinn gewinnt die Frage nach Schuld und Sünde in der kirchlichen Verkündigung angesichts der komplexen Systeme gesellschaftlicher Schuld, in der die HIV/Aids-Problematik eingebettet ist? Gefragt sind überkonfessionelle, globale Antworten.

»Ich werd' das Gefühl nicht los,
als käme diesen Leuten AIDS gerade recht!«

Die Evangelien geben vielfach Zeugnis davon, dass sich Jesus besonders der Kranken und Aussätzigen angenommen hat (vgl. z. B. Mt 8,1-4; 9,1-8.18-26). Er hat ihre gesellschaftliche Isolation aufgehoben und ihnen dadurch ein Leben in der Gemeinschaft ermöglicht. Aids als große Herausforderung bedeutet gerade für Christen, die sich am Beispiel Jesu orientieren, zu lernen, falsche Berührungsängste zu überwinden und jedem Versuch einer Ausgrenzung von Aids-Kranken entgegenzutreten. In ihrem oft langen Leiden und Sterben sollten sie spüren können, dass gerade ihnen Gottes Liebe gilt.

- Welche Gründe für ein Ansteigen der Neuinfektionen werden in den Zeitungsausschnitten genannt?
- An Bayerns Schulen soll die Aids-Prävention verstärkt thematisiert werden. Tragt zusammen, was ihr zu diesem Thema bereits aus dem Biologie- oder Religionsunterricht wisst.
- Informiert euch darüber, wo es in eurer Stadt Aids-Beratungsstellen und Selbsthilfegruppen gibt. Überlegt, ob sich mit deren fachlicher Hilfe ein Projekttag durchführen ließe.
- In der Öffentlichkeit wird als wirksamster Schutz gegen Aids vor allem die Benutzung von Kondomen gefordert und das Praktizieren von »Safer Sex« empfohlen. Informiert euch darüber auf der Internetseite »machsmit«. Was haltet ihr von diesem speziellen Jugendangebot der Bundeszentrale für gesundheitliche Aufklärung? Inwiefern und warum unterscheidet es sich von der Hauptwebsite der Bundeszentrale für gesundheitliche Aufklärung?
- Welche anderen Möglichkeiten eines effektiven Schutzes vor Aids gibt es eurer Meinung nach? Welchen Schutz empfiehlt die katholische Kirche?
- Erarbeitet in Kleingruppen »Grundsätze einer Partnerschaft«.
- Die Karikatur aus den Achtzigerjahren zeigt eine undifferenzierte Sichtweise zum Thema Aids. Wie stellt sich die Haltung zu dieser Krankheit in Kirche und Gesellschaft heute dar?

Unterwegs zur Liebe

Auf dem langen Weg zwischen geschlechtlicher Reife und endgültiger Bindung an eine/n Lebenspartner/in machen junge Menschen im Umgang miteinander unterschiedliche sexuelle Erfahrungen und wissen oft nicht, wie sie dazu stehen sollen. Manche machen es sich leicht, indem sie mit einschlägigen Ausdrücken um sich werfen oder so tun, als gäbe es hier nichts zu überlegen. Andere werden sehr nachdenklich und merken, wie schwer es ist, darüber zu sprechen. Nicht wenige sind verunsichert und suchen Hilfe in ihren Schwierigkeiten, auch wenn sie es nicht zugeben.

Einem Partner als junger Mensch liebenswert zu sein, wertgeschätzt zu werden, das macht Leben erst lebenswert ... Über Sexualität, Zärtlichkeit, Liebkosung, Leibnähe werden Zugewandtheit, Nähe, Wärme und Geborgenheit begreifbar, körperlich erfahrbar. Dass ein anderer mich mag, dass ein anderer mich wertschätzt, dass ich einem andern liebenswert bin, das muss ich auch über den Leib, über die Sinne erfahren ... Die Botschaft der Kirche müsste hier lauten: Sexualität ist eine »gute Sache«, Sexualität führt Menschen zueinander ... Weil euch eure Partnerschaft, weil euch eure Sexualität so wichtig und bedeutsam ist, geht behutsam miteinander um. Achtet darauf, dass der Partner ja sagen kann, aber auch nein. Dass hier niemand unter Druck, unter einen Zwang gerät.

Peter Neysters, Jugendbildungsreferent

Man kann nicht nur auf Probe leben,
man kann nicht nur auf Probe sterben.
Man kann nicht nur auf Probe lieben,
nur auf Probe und Zeit einen Menschen annehmen.

Papst Johannes Paul II. am 15.11.1980 in Köln

Man will doch keine Katze im Sack kaufen,
so drückte sich der junge Mann recht bildhaft aus.
Seine Freundin vor Augen, denke ich bei mir:
Wieso Katze? Wieso Sack? Wieso kaufen?

Lothar Zenetti

Liebe braucht keine Schule,
aber Augen, die hinsehen und sich nicht schämen.
Liebe braucht keine Lehrer,
aber Ohren, die hinhören und verstehen.
Liebe braucht keine Bücher,
aber Hände, die nicht fordern, sondern geben.
Liebe braucht keine Schüler,
aber Menschen, die sich bejahen mit Fehlern und Schwächen ...

Auszug nach Paul Reding

Doris Herschke, 1991

Sexuelle Intimität, die ohne personale Beziehung zum Partner gesucht wird, ist unmenschlich und darum abzulehnen. Hier geschieht eine verantwortungslose sexuelle Ausbeutung des Mitmenschen. Er wird zum Ding, zur Sache erniedrigt, die man gebraucht. Man versucht, heute auch solche Formen sexueller Betätigung zu rechtfertigen. Man sagt, der Mensch müsse seinem Trieb folgen. Sexualität sei allein schon durch den Lustgewinn gerechtfertigt. Alle diese Losungen erniedrigen die Sexualität zu einer Konsumware. Ihre Folge ist oft ein zerstörtes Lebensglück.
Aber auch dort, wo Zuneigung und Sympathie zwei Menschen außerhalb der Ehe verbinden, ist nicht jedes Zeichen der Liebe zu rechtfertigen. Sexuelles Spielen mit dem Partner sowie sexuelle Kontakte mit Gleichgeschlechtlichen gefährden die Selbstfindung und führen zu immer neuen Ansprüchen an den Partner.
Wir können sodann die großen Bedenken gegen verfrühte Dauerbindungen zwischen Jungen und Mädchen schon in der Pubertätszeit nicht verschweigen. Diese Beziehungen weisen zwar oft eine beachtenswerte Ausschließlichkeit auf. Aber die jungen Menschen sind in diesem Lebensabschnitt noch nicht fähig, eine Liebesbindung in bleibender Zuwendung und Verantwortung einzugehen. Gar nicht selten führen solche Verbindungen zu übereilter und verfrühter Eheschließung wegen einer bestehenden Schwangerschaft. Wir bitten die Eltern, früh genug mit ihren heranwachsenden Söhnen und Töchtern offen zu sprechen, ihnen zu helfen und vor allem nicht zu einer Frühehe zu drängen. Besser eine uneheliche Mutterschaft als eine halb erzwungene Ehe mit der Abneigung der beiden jungen Menschen gegen das Kind und dem voraussehbaren Scheitern ihrer Ehe nach wenigen Jahren.

Deutsche Bischofskonferenz

- In den einzelnen Stellungnahmen ist von unterschiedlichen Situationen die Rede. Sucht sie heraus und erklärt sie. Sprecht auch darüber, warum jeweils unterschiedliche Maßstäbe genannt werden.
- Von welchen Erfahrungen wird im Einzelnen gesprochen? Welche unterschiedlichen Formen von Bindungen und Situationen werden genannt? Wie werden diese Phänomene gedeutet und gewertet? Welche Schlussfolgerungen werden daraus abgeleitet? Welche Maßstäbe für ein ethisch verantwortbares Verhalten werden aufgestellt?
- Wie wird in den einzelnen Texten über Freundschaft, Liebe und Sexualität gesprochen? Was wird an der jeweiligen Sprache deutlich?
- Wenn ihr mit dem einen oder anderen Satz nicht einverstanden seid, benennt ihn und versucht, die Gründe dafür darzulegen.

Die Sprache der Liebe in der Bibel

Das »Hohelied Salomos«

Das »Hohelied Salomos«, auch »Lied der Lieder« genannt, gehört zu den poetischen Büchern des Alten Testaments. Es enthält eine Sammlung von Liebesliedern, in denen eine Frau und ein Mann ihre Beziehung besingen. Später wurden diese Liebeslieder auf das Verhältnis Gottes zum Volk Israel umgedeutet, weil man diese Liebeslieder als solche in der Heiligen Schrift wohl zu anstößig fand.

Ein Apfelbaum unter Waldbäumen ist mein Geliebter
unter den Burschen.
In seinem Schatten begehre ich zu sitzen.
Wie süß schmeckt seine Frucht meinem Gaumen!
In das Weinhaus hat er mich geführt.
Sein Zeichen über mir heißt Liebe.
Stärkt mich mit Traubenkuchen, erquickt mich mit Äpfeln;
denn ich bin krank vor Liebe.
Seine Linke liegt unter meinem Kopf, seine Rechte umfängt mich.
Bei den Gazellen und Hirschen auf der Flur beschwöre ich euch,
Jerusalems Töchter: Stört die Liebe nicht auf,
weckt sie nicht, bis es ihr selbst gefällt.

Hld 2,3-7

Wie schön bist du und wie reizend, du Liebe voller Wonnen!
Wie eine Palme ist dein Wuchs; deine Brüste sind wie Trauben.
Ich sage: Ersteigen will ich die Palme; ich greife nach den Rispen.
Trauben am Weinstock seien mir deine Brüste,
Apfelduft sei der Duft deines Atems,
dein Mund köstlicher Wein, der glatt in mich eingeht,
der Lippen und Zähne mir netzt.
Ich gehöre meinem Geliebten, und ihn verlangt nach mir.

Hld 7,7-11

Leg mich wie ein Siegel auf dein Herz,
wie ein Siegel an deinen Arm!
Stark wie der Tod ist die Liebe,
die Leidenschaft ist hart wie die Unterwelt.
Ihre Gluten sind Feuergluten, gewaltige Flammen.
Auch mächtige Wasser können die Liebe nicht löschen;
auch Ströme schwemmen sie nicht weg.
Böte einer für die Liebe den ganzen Reichtum seines Hauses,
nur verachten würde man ihn.

Hld 8,6f.

Doris Herschke, 2004

Das »Hohelied der Liebe«

Wenn ich in den Sprachen der Menschen und Engel redete,
hätte aber die Liebe nicht, wäre ich dröhnendes Erz
oder eine lärmende Pauke.
Und wenn ich prophetisch reden könnte
und alle Geheimnisse wüsste und alle Erkenntnis hätte;
wenn ich alle Glaubenskraft besäße
und Berge damit versetzen könnte,
hätte aber die Liebe nicht, wäre ich nichts.
Und wenn ich meine ganze Habe verschenkte
und wenn ich meinen Leib dem Feuer übergäbe,
hätte aber die Liebe nicht, nützte es mir nichts.
Die Liebe ist langmütig, die Liebe ist gütig.
Sie ereifert sich nicht, sie prahlt nicht, sie bläht sich nicht auf.
Sie handelt nicht ungehörig, sucht nicht ihren Vorteil,
lässt sich nicht zum Zorn reizen, trägt das Böse nicht nach.
Sie freut sich nicht über das Unrecht,
sondern freut sich an der Wahrheit.
Sie erträgt alles, glaubt alles, hofft alles, hält allem stand.
Die Liebe hört niemals auf. Prophetisches Reden hat ein Ende,
Zungenrede verstummt, Erkenntnis vergeht.
Denn Stückwerk ist unser Erkennen,
Stückwerk unser prophetisches Reden;
wenn aber das Vollendete kommt, vergeht alles Stückwerk.

1 Kor 13,1-10

- Die Sprache des Hohenlieds über Liebe und Sexualität ist voller Symbole. Tragt sie zusammen und deutet sie. Ihr könnt dabei auch die ganze Liedsammlung hinzunehmen.
- Überlegt weiter, was diese Symbole heute für uns bedeuten können.
- Gestaltet den Vers »Stark wie der Tod ist die Liebe, die Leidenschaft ist hart wie die Unterwelt« (8,6) neu, indem ihr eure eigenen Gedanken dazu aufschreibt: »Stark wie …, die Leidenschaft …«
- Vergleicht das »Hohelied der Liebe« (1 Kor 13) mit einem außerbiblischen Text (z. B. Shakespeares Sonett 116). Welche Merkmale muss die Liebe jeweils aufweisen, damit sie diesen Namen verdient?
- Fasst das Bild auf dieser Doppelseite in Worte und unterlegt es mit passender Musik. Welche Reaktionen löst ihr damit bei euren Mitschülerinnen und Mitschülern aus? Legt ihnen die Gründe für eure Musik- und Wortwahl dar.

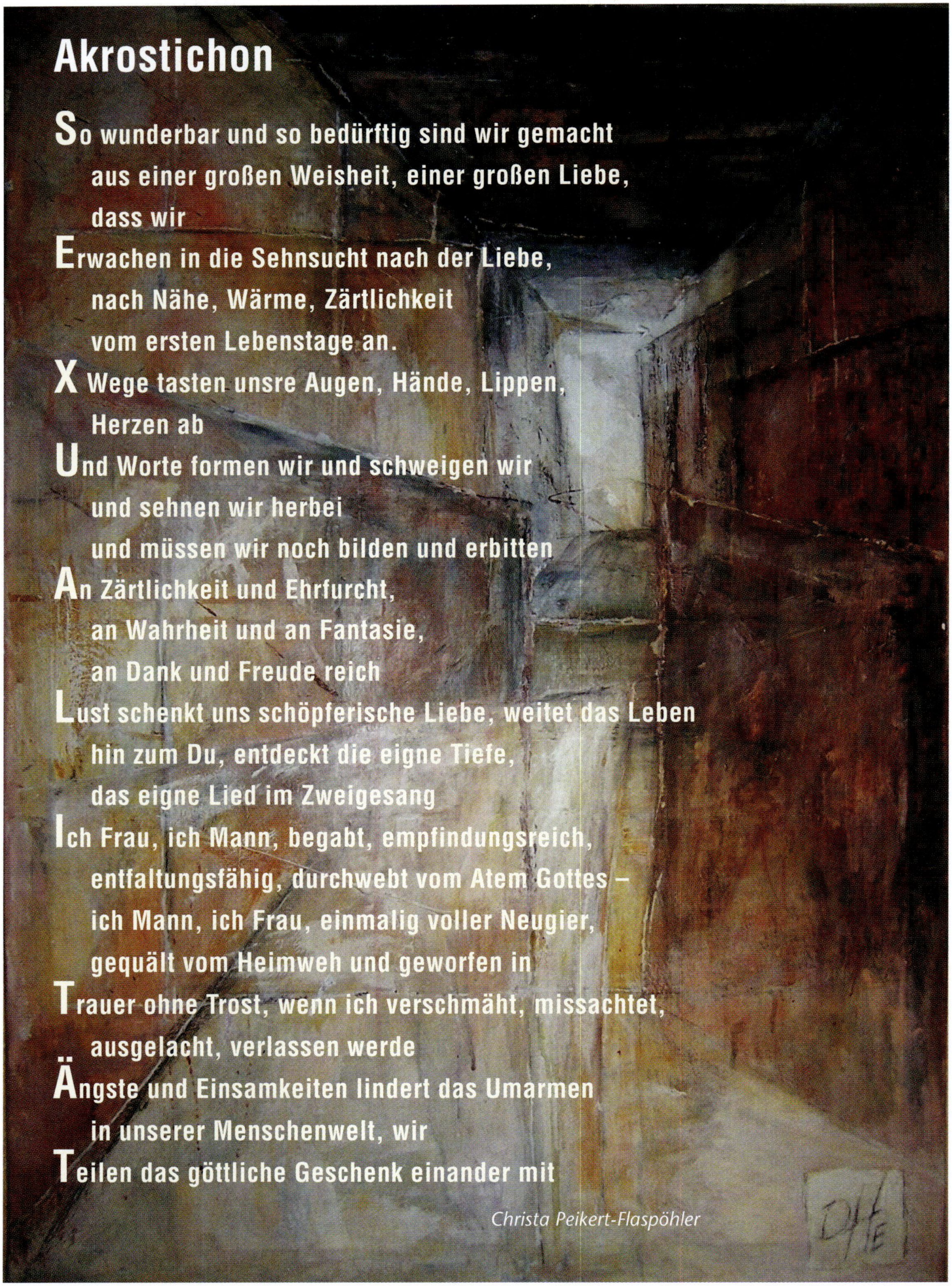

Akrostichon

So wunderbar und so bedürftig sind wir gemacht
aus einer großen Weisheit, einer großen Liebe,
dass wir
Erwachen in die Sehnsucht nach der Liebe,
nach Nähe, Wärme, Zärtlichkeit
vom ersten Lebenstage an.
X Wege tasten unsre Augen, Hände, Lippen,
Herzen ab
Und Worte formen wir und schweigen wir
und sehnen wir herbei
und müssen wir noch bilden und erbitten
An Zärtlichkeit und Ehrfurcht,
an Wahrheit und an Fantasie,
an Dank und Freude reich
Lust schenkt uns schöpferische Liebe, weitet das Leben
hin zum Du, entdeckt die eigne Tiefe,
das eigne Lied im Zweigesang
Ich Frau, ich Mann, begabt, empfindungsreich,
entfaltungsfähig, durchwebt vom Atem Gottes –
ich Mann, ich Frau, einmalig voller Neugier,
gequält vom Heimweh und geworfen in
Trauer ohne Trost, wenn ich verschmäht, missachtet,
ausgelacht, verlassen werde
Ängste und Einsamkeiten lindert das Umarmen
in unserer Menschenwelt, wir
Teilen das göttliche Geschenk einander mit

Christa Peikert-Flaspöhler

5 Türen öffnen

Möglichkeiten

Ent-decke deine Betrachtungsweise

Ent-decke:
Es gibt immer mehrere Möglichkeiten
Stehst du in der Tür?
Betrachtest du die Tür?

Siehst du heraus?
Siehst du hinein?
Aus beiden Blickrichtungen gibt es viel Farbe.
Aus beiden Blickrichtungen gibt es viel Licht.
Eine Blickrichtung macht den Weg weit.
Eine Blickrichtung macht den Weg eng.
Ent-decke:
Nur du entscheidest über die Blickrichtung.
Nur du entscheidest über die Betrachtungs-
weise.

Ent-decke neu:
Deine Weite
Deine Offenheit
Deine Farbe
Deine Möglichkeiten

Bleib jetzt nicht stehen
Geh weiter!

Eine neue Tür öffnet sich
Eine neue Tür weitet dein Leben.

Joachim Cruse

- ► Welche Erfahrungen verbindet ihr mit Türen? Gestaltet für das Türbild von René Magritte auf 101 einen »Türblick«; das kann eine Geschichte, ein Gedicht, eine Collage, ein Foto oder ein gemaltes Bild sein. Wie sieht die Tür aus, die zu eurer Vorstellung eines glücklichen Lebens führt?
- ► Welche Tür möchtest du für deine berufliche Zukunft aufstoßen?

Die Parabel vom Türhüter

Vor dem Gesetz steht ein Türhüter. Zu diesem Türhüter kommt ein Mann vom Lande und bittet um Eintritt in das Gesetz. Aber der Türhüter sagt, dass er ihm jetzt den Eintritt nicht gewähren könne. Der Mann überlegt und fragt dann, ob er also später werde eintreten dürfen. »Es ist möglich«, sagt der Türhüter »jetzt aber nicht.«
Da das Tor zum Gesetz offen steht wie immer und der Türhüter beiseitetritt, bückt sich der Mann, – um durch das Tor in das Innere zu sehen. Als der Türhüter das merkt, lacht er und sagt: »Wenn es dich so lockt, versuche es doch, trotz meinem Verbot hineinzugehen. Merke aber: Ich bin mächtig. Und ich bin nur der unterste Türhüter. Von Saal zu Saal stehen aber Türhüter, einer mächtiger als der andere. Schon den Anblick des dritten kann nicht einmal ich mehr vertragen.«
Solche Schwierigkeiten hat der Mann vom Lande nicht erwartet, das Gesetz soll doch jedem und immer zugänglich sein, denkt er, aber als er jetzt den Türhüter in seinem Pelzmantel genauer ansieht, seine große Spitznase, den langen, dünnen, schwarzen, tartarischen Bart, entschließt er sich doch, lieber zu warten, bis er die Erlaubnis zum Eintritt bekommt. Der Türhüter gibt ihm einen Schemel und lässt ihn seitwärts von der Tür sich niedersetzen.
Dort sitzt er Tage und Jahre. Er macht viele Versuche, eingelassen zu werden, und ermüdet den Türhüter durch seine Bitten. Der Türhüter stellt öfters kleine Verhöre mit ihm an, fragt ihn nach seiner Heimat aus und nach vielem anderen, es sind aber teilnahmslose Fragen, wie sie große Herren stellen, und zum Schlusse sagt er ihm immer wieder, dass er ihn noch nicht einlassen könne. Der Mann, der sich für seine Reise mit vielem ausgerüstet hat, verwendet alles, und sei es noch so wertvoll, um den Türhüter zu bestechen. Dieser nimmt zwar alles an, aber sagt dabei: »Ich nehme es nur an, damit du nicht glaubst, etwas versäumt zu haben.«
Während der vielen Jahre beobachtet der Mann den Türhüter fast ununterbrochen. Er vergisst die anderen Türhüter, und dieser erste scheint ihm das einzige Hindernis für den Eintritt in das Gesetz. Er verflucht den unglücklichen Zufall in den ersten Jahren laut, später, als er alt wird, brummt er nur noch vor sich hin. Er wird kindisch, und da er in dem jahrelangen Studium des Türhüters auch die Flöhe in seinem Pelzkragen erkannt hat, bittet er auch die Flöhe ihm zu helfen und den Türhüter umzustimmen. Schließlich wird sein Augenlicht schwach und er weiß nicht, ob es um ihn wirklich dunkler wird oder ob ihn nur die Augen täuschen. Wohl aber erkennt er jetzt im Dunkel einen Glanz, der unverlöschlich aus der Türe des Gesetzes bricht. Nun lebt er nicht mehr lange. Vor seinem Tode sammeln sich in seinem Kopfe alle Erfahrungen der ganzen Zeit zu einer Frage, die er bisher an den Türhüter noch nicht gestellt hat. Er winkt ihm zu, da er seinen erstarrenden Körper nicht mehr aufrichten kann. Der Türhüter muss sich tief zu ihm hinunterneigen, denn die Größenunterschiede haben sich sehr zu Ungunsten des Mannes verändert. »Was willst du denn jetzt noch wissen?«, fragt der Türhüter, »du bist unersättlich.« »Alle streben doch nach dem Gesetz«, sagt der Mann, »wie kommt es, dass in den vielen Jahren niemand außer mir Einlass verlangt hat?«

Aus: Franz Kafka, Der Prozess (Erstveröffentlichung 1925)

- Klärt den Begriff »Parabel«.
- Der Schluss der »Parabel vom Türhüter« fehlt. Wie könnte die Geschichte ausgehen? Vergleicht eure Vorschläge mit dem Original.
- Welche Grundaussage zum Thema »Türen öffnen« enthält der Text?
- Überlegt euch eine moderne Parabel, indem ihr die Grundaussage in die heutige Zeit verlegt.

Ziele?

Hans im Glück – Ein modernes Märchen

Schon seine Geburt verlief glücklich. Er kam in einer Straßenbahn zur Welt. Aber nicht nur der Ort war ungewöhnlich. Eine alte Jungfer, die vor den Angelegenheiten der Fortpflanzung eine religiöse Scheu hatte, half ihm beim Einstieg in die Welt und fiel erst später in Ohnmacht. Zeitungen berichteten darüber. Hans war ein pausbäckiges Kind und machte seinen Eltern nur Freude. Seine Tanten nannten ihn zum Fressen schön. Eine Herstellungsfirma von Babynahrung war von seinem vor Gesundheit strotzenden Gesicht derart entzückt, dass sie es in der Werbung einsetzte. Hans lachte auf allen Litfaßsäulen. Jede Mutter hätte ihn gern als Sohn gehabt. Er war ein Ernährungsvorbild. Für sein sattes Lächeln sicherte ihm die Herstellungsfirma von Babynahrung die Finanzierung seines Studiums zu. Es bestand kein Zweifel, dass er ein kluges Kind werden würde. Er entwickelte sich aufs prächtigste, und sein Vater hielt alle bedeutsamen Momente dieser Entwicklung mit der Kamera fest …

Die Schule verließ er mit einem bemerkenswerten Zeugnis, ohne sich jedoch für ein bestimmtes Fach begeistert zu haben. Sein Ausdruck war gefällig. Er zählte zu den Menschen, die ohne Skrupel jeden angefangenen Satz vollenden können.

Und da er beim besten Willen nicht wusste, welcher Neigung er folgen sollte – denn er hatte keine und vertraute mehr den Umständen als irgendwelchen Plänen und Absichten –, ließ er sich von der Herstellungsfirma von Babynahrung, die nicht zuletzt durch seine Hilfe zum Erfolg gekommen war, zum Studium der Betriebswissenschaft bewegen. Der Direktor, der ihm feierlich den Scheck überreichte, sagte: »Sie haben dasselbe Lächeln noch, das Sie damals hatten.«

Wie auch immer: Die Babynahrung war ihm gut bekommen. Mehr noch als sein Studium brachte ihm ein Mädchen Glück, das sich in ihn verliebte. Es war, wie sich nebenbei herausstellte, die einzige Tochter eines Fabrikanten. Hans wusste sofort, was er seinem Schicksal schuldig war, und drängte auf eine Heirat. Sein Schwiegervater, der viel von einer schnellen Entschlusskraft hielt, fand sofort Gefallen an ihm und übertrug ihm wichtige Aufgaben. Hans kamen die Erwartungen zugute, die andere Menschen in ihn setzten. Er enttäuschte seinen Schwiegervater nicht und gab ihm das Gefühl, auf das richtige Pferd gesetzt zu haben. So etwas schmeichelt …

Mit fast traumwandlerischer Sicherheit ging Hans an seine neuen Aufgaben. Er kaufte die Konkurrenz

Das Glück ist ein Wie,
kein Was –
ein Talent, kein Objekt.

Hermann Hesse

Glücklich, die arm sind vor Gott,
denn ihnen gehört das Himmelreich.
Glücklich die Trauernden,
denn sie werden getröstet werden.
Glücklich, die keine Gewalt anwenden,
denn sie werden das Land erben.

Nach Mt 5,3-5

Der rastlose Arbeitsmensch von heute
hat tagsüber keine Zeit, sich Gedanken zu machen,
und abends ist er zu müde dazu.
Alles in allem hält er das für Glück.

George Bernard Shaw

- ► Benennt und diskutiert die Ziele, die Hans erreicht hat. Vergleicht die Geschichte mit dem ursprünglichen Märchen nach den Gebrüdern Grimm.
- ► Wie könnten »Nachrufe« auf den alten und den neuen Hans aussehen?
- ► Verfasst eigene Märchen mit euren Zielvorstellungen. Vielleicht könnt ihr zusammen ein modernes Märchenbuch erstellen.

auf, gründete eine Bank und zeugte einen Sohn. Er wurde Präsident eines Sportvereins – beim Turnen hatte er schon immer eine gute Figur gemacht –, erhielt einen Orden für seine Verdienste in der Wirtschaft, machte Stiftungen, ging in die Politik und weihte Brücken und Schulen ein. Er redete nur noch in Hauptsätzen und machte jedes Jahr zweimal Ferien, einmal mit seiner Frau, die die Kunst liebte, und einmal mit seiner Geliebten, die alles andere liebte.
Da er nicht übertrieb, weder Genuss noch Arbeit, blieb er gesund. Er sah immer noch aus wie damals, als er die günstigen Wirkungen einer Babynahrung auf einem Bärenfell demonstrierte: pausbäckig, ohne fett zu sein, ein Kind, bei dem alles gut anschlug. Er glaubte an das Gute in der Welt, soweit es ihm selbst gut tat.
Er gab sich optimistisch, war aber in Wirklichkeit nur verwöhnt, liebte das Positive, weil es ihn am wenigsten beunruhigte. Man nannte ihn »Hans im Glück«, wogegen er mit der Bemerkung protestierte, dass Glück das Schicksal des Tüchtigen sei … Er gewöhnte sich derart an seine Glückssträhne, die noch nicht einmal durch Zahnschmerzen getrübt wurde, dass er allen Ernstes glaubte, auserwählt zu sein. Er machte aus seinem Erfolg eine Religion und verlangte, dass auch andere daran glaubten. Es ist sehr schwer, an ihn heranzukommen, und was man über ihn erfährt, sind meist nur Sprachregelungen seiner Mitarbeiter. Sie behaupten zum Beispiel, dass er einmal sagte, die schönsten Märchen schreibe das Leben.

Herbert Heckmann

Das allein macht glücklich, wenn wir uns unserer Rolle bewusst werden, und sei sie noch so unbedeutend.

Antoine de Saint-Exupéry

Unsere Konsum- und Marktwirtschaft beruht auf der Idee, dass man Glück kaufen kann, wie man alles kaufen kann. Und wenn man kein Geld bezahlen muss für etwas, dann kann es einen auch nicht glücklich machen. Dass Glück aber etwas ganz anderes ist, das nur aus der eigenen Anstrengung, aus dem Innern kommt und überhaupt kein Geld kostet, dass Glück das »Billigste« ist, was es auf der Welt gibt, das ist den Menschen noch nicht aufgegangen.

Erich Fromm

- ► Versucht, eure Zielvorstellungen in einem einfachen, allgemein gültigen Satz auszudrücken. Er könnte beginnen mit »Glücklich ist, der/die …«. Vergleicht eure Ergebnisse.
- ► Diskutiert die verschiedenen Glücksvorstellungen, die in den Texten zum Ausdruck kommen. Sucht im Internet oder in der Bibliothek nach Sammlungen von Zitaten und Aphorismen und wählt dort dann Sprüche aus, die zu euch passen. Gestaltet damit Gruß- oder Geburtstagskarten.

Hitliste der Berufswünsche

Erstellt durch eine Umfrage eine Hitliste mit den beliebtesten Berufen in eurer Klasse oder auch in den verschiedenen Jahrgangsstufen.
Fragt eure Großeltern, Eltern und Bekannten nach ihren Traumberufen als Jugendliche, nach ihrer Berufszufriedenheit in ihrem jetzigen Beruf und nach möglichen Kriterien für die »richtige« Berufswahl.

Meinen Fähigkeiten auf der Spur

Im Internet findet ihr mithilfe einer Suchmaschine unter dem Suchwort »Berufswahl« viele Informationen und Tipps zu diesem Thema. Durch verschiedene Tests könnt ihr euren Fähigkeiten und Begabungen auf die Spur kommen. Außerdem könnt ihr auch verschiedene Berufe und Tätigkeiten virtuell besuchen.
Gestaltet dazu eine Informationswand mit entsprechenden Berufsbildern.

MACH'S RICHTIG online

Berufungsgeschichten

In der Bibel kommen einige Berufungsgeschichten vor (z. B. Gen 12,1-9; 1 Sam 3,1-21; Jes 6,1-13; Mt 1,16-20). Welcher von diesen Texten spricht euch ganz besonders an? Schreibt ihn neu, indem ihr ihn in einen modernen Zeitungstext, in eine Kurzgeschichte, in ein Gedicht o. Ä. umwandelt.
Was bedeutet es für euch, zum Segen bzw. Glück für andere im Sinne von Gen 12,3 zu werden?

Talentschuppen

Veranstaltet einen Talentschuppen, in dem verschiedene – auch ganz außergewöhnliche – Begabungen vorgestellt werden (z. B. Musikinstrument spielen, Lehrer/in imitieren, Theater spielen, basteln, werken, handarbeiten).

Berufungen nachspüren

»Berufung« ist kein Phänomen, das es nur in biblischen Zeiten gab. Auch heute noch spricht man von Berufung, wenn ein Mensch in seinem Beruf, in seiner Familie oder einer ehrenamtlichen Tätigkeit eine Lebensaufgabe gefunden hat, die ihn erfüllt. Im besonderen Maße gilt dies bei geistlichen Berufen oder bei der Entscheidung für das Leben in einem Kloster.
Sprecht mit Menschen, die eine solche Berufung erfahren haben (Ordensleute, Pfarrer, aber auch Menschen, die sich ehrenamtlich engagieren oder in sozialen Berufen tätig sind), und verfasst eine Reportage für eure Schülerzeitung. Dieses Projekt lässt sich übrigens gut in Kooperation mit euren evangelischen Mitschülerinnen und Mitschülern organisieren.

Science fiction

Welche Berufe und Tätigkeiten sind wohl in der Zukunft (in 50, 100 oder 1000 Jahren) notwendig oder gefragt? Erfindet Fantasiegeschichten, in denen solche beschrieben werden bzw. eine Rolle spielen. Diskutiert über die Wahrscheinlichkeit und die Folgen der Entwicklungen.

Nebenjobs

Ein Drittel der älteren Schüler an bayerischen Gymnasien jobbt regelmäßig während des Schuljahres, bei den Abiturienten sind es mehr als die Hälfte. Diskutiert über die Ursachen und Folgen dieser Entwicklung.
Stellt eure »Nebentätigkeiten« vor (Art der Tätigkeit, zeitlicher Aufwand, Verdienstmöglichkeiten etc.). Wie sähe der ideale Nebenjob für euch aus? Informiert euch über die gesetzlichen Bestimmungen.

Berufswünsche

Tragt auf einem Zeitstrahl eure jeweiligen Berufswünsche ein, die in verschiedenen Phasen eures Lebens vorhanden waren. Erklärt und begründet eventuelle Veränderungen.
Ladet Schülerinnen und Schüler aus dem neunten Jahrgang der Haupt- oder Realschule ein und veranstaltet eine Gesprächsrunde zum Thema Ausbildung und Berufswünsche.

Filmprojekt

Stellt eine Liste mit Filmen zusammen, in denen Berufs- und Arbeitswelt thematisiert werden. Veranstaltet entsprechende Filmabende oder -nachmittage. Eine Preisverleihung für den besten Film kann das Projekt abschließen.

Wer weiß noch …

… welche Aussagen sich in biblischen Texten zum Thema Arbeitszeit und Freizeit finden?
… welche Persönlichkeiten der Gegenwart schon in *Religion vernetzt* vorgestellt wurden, die eine besondere Berufung in ihrem Leben erfahren haben?
… welche kirchlichen Berufe es gibt?

Ein Klick auf www.religionvernetzt.de weckt Erinnerungen aus dem Religionsunterricht.

Bildungsziele

Im Artikel 131 (vgl. auch 108) der Bayerischen Verfassung finden sich die so genannten obersten Bildungsziele, die Schulen aufgrund ihres Erziehungs- und Bildungsauftrages zu verwirklichen haben. Welche Bildungsziele haltet ihr heute für besonders wichtig? Welche Bedeutung haben diese für eure Chancen auf dem Arbeitsmarkt?

Compassion-Projekt

An einigen Schulen werden Sozialpraktika in Behindertenwerkstätten, Kinderheimen, Seniorenheimen und anderen sozialen Einrichtungen durchgeführt, die auch *Compassion*-Projekte heißen. Die Schülerinnen und Schüler, die sich darauf eingelassen haben, nehmen oft danach die Welt mit ganz anderen Augen wahr. Zum Teil haben sie sogar neue Berufsfelder für sich entdeckt. Falls es an eurer Schule kein *Compassion*-Projekt gibt, solltet ihr euch überlegen, Initiative zu ergreifen. Erfahrungen und Informationen findet ihr im Internet, wenn ihr in einer Suchmaschine das Stichwort »Compassion-Projekt« eingebt.

Sollen: Schule – Bildung

So ist das also, wenn man durchfällt. Kurt hat es sich anders vorgestellt, großartiger, außerordentlich. Das hier war kläglich. Die Aufgaben sind nicht schwer gewesen. Er erkannte es selbst. Sein Blick lief die Zeilen des ersten Beispiels entlang, richtig, jetzt sind die Faktoren des Zählers zu logarithmieren – wirklich eine Kleinigkeit – das muss man können, wenn man es auch auf der Universität nicht braucht – (Kurt ballt in plötzlicher Wut die Fäuste) – wenn es auch absurd ist, jemandem die Reife für Jus oder Philosophie abzusprechen, weil er eine Zinseszinsrechnung nicht lösen konnte, zufällig nicht, bei Professor Ruprecht hatte er es immer gekonnt. Aber bestehen blieb, dass zwei einfache Beispiele genügt hatten, um ihn zu Fall zu bringen. Kupfers Verhalten war sicherlich auch ein Grund. Anderseits hätte er ihm ja gar nicht helfen müssen. Dass er es getan hat, dass er ihn zuerst in »Schwung« brachte, um ihn dann haltlos ins Verderben sausen zu lassen – das war eben ein kleines Zwischenspiel, das glich sich aus, diese beiden Faktoren hoben einander auf. Kurt hat ganz einwandfrei versagt, ist ganz einwandfrei durchgefallen. Durchgefallen? Aber wieso denn! Es sind ja noch drei Gegenstände da! Nein, so schnell geht das denn doch nicht. In Mathematik habe ich eben nichts gekonnt, schön, aber da ist noch Latein, Deutsch und die beiden Prochaska-Fächer. Himmelherrgott! Das hätte ich billiger haben können! Ich hätte mich gar nicht erst anstrengen sollen und lieber Kräfte sparen für die anderen. Na – kann alles noch werden.

Aus: Friedrich Torberg, Der Schüler Gerber

Art. 1: Bildungs- und Erziehungsauftrag

(1) Die Schulen haben den in der Verfassung verankerten Bildungs- und Erziehungsauftrag zu verwirklichen. Sie sollen Wissen und Können vermitteln sowie Geist und Körper, Herz und Charakter bilden. Oberste Bildungsziele sind Ehrfurcht vor Gott, Achtung vor religiöser Überzeugung, vor der Würde des Menschen und vor der Gleichberechtigung von Männern und Frauen, Selbstbeherrschung, Verantwortungsgefühl und Verantwortungsfreudigkeit, Hilfsbereitschaft, Aufgeschlossenheit für alles Wahre, Gute und Schöne und Verantwortungsbewusstsein für Natur und Umwelt. Die Schüler sind im Geist der Demokratie, in der Liebe zur bayerischen Heimat und zum deutschen Volk und im Sinn der Völkerversöhnung zu erziehen.

(2) Bei der Erfüllung ihres Auftrags haben die Schulen das verfassungsmäßige Recht der Eltern auf Erziehung ihrer Kinder zu achten.

Aus dem Bayerischen Erziehungs- und Unterrichtsgesetz

- ▶ Schreibt einen Brief an die Titelfigur des Romanauszugs, in dem ihr Möglichkeiten und Wege aufzeigt, wie er aus dieser scheinbar ausweglosen Situation herauskommen könnte.
- ▶ Welche Zielvorstellungen aus Artikel 1 des Bayerischen Erziehungs- und Unterrichtsgesetzes, der in etwas anderem Wortlaut dem Artikel 131 der Bayerischen Verfassung entspricht, würdet ihr streichen oder ergänzen?
- ▶ In den Bleistiftzeichnungen der Collage haben Schülerinnen und Schüler ihre Schule »eingefangen«. Als fächerübergreifendes Projekt mit dem Kunsterziehungsunterricht könnt ihr vielleicht ähnliche Impressionen darstellen oder eure Träume gestalten.
- ▶ Erzählt eure »Schulträume« in einem Märchen oder einer utopischen Geschichte und vergleicht sie mit den Bedingungen an eurer Schule.
- ▶ In die Schule gehen »sollen oder dürfen«? Wie steht ihr dazu? Nachdem ihr euch untereinander darüber ausgetauscht habt, fragt auch die Abiturienten an eurer Schule. Haben sie eine andere Einstellung als ihr?
- ▶ Formuliert und begründet in einem Brief an euch selbst eure momentanen Ausbildungs- und Berufsziele. Steckt ihn in einen Umschlag und öffnet diesen erst in drei Jahren (K 12) wieder. Es wird spannend sein, ob sich bis dahin eure Vorstellungen gewandelt haben.

Sehr gut

Jahreszeugnis

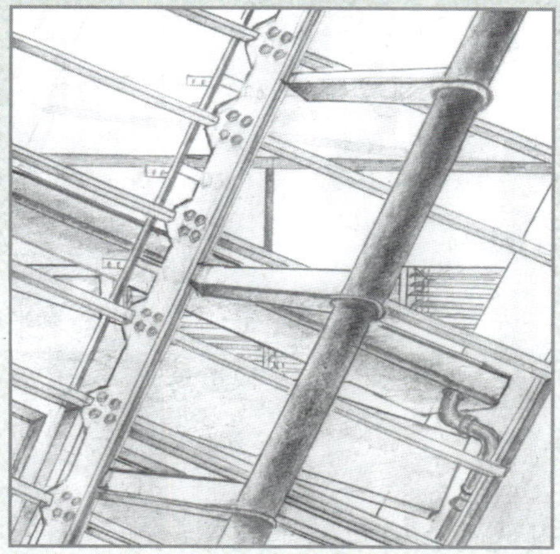

Hochschulreife

Mangelhaft

Verweis

Ich habe einen Traum …
von einer Schule,
in der es keinen Leistungsdruck,
sondern Entfaltungsmöglichkeiten gibt,
in der es keine Zensuren,
sondern Gespräche gibt,
in der es keine Konkurrenz,
sondern Teams gibt,
in der es keine Streber,
sondern Interessierte gibt.

Ausreichend

Ungenügend

Mitarbeit

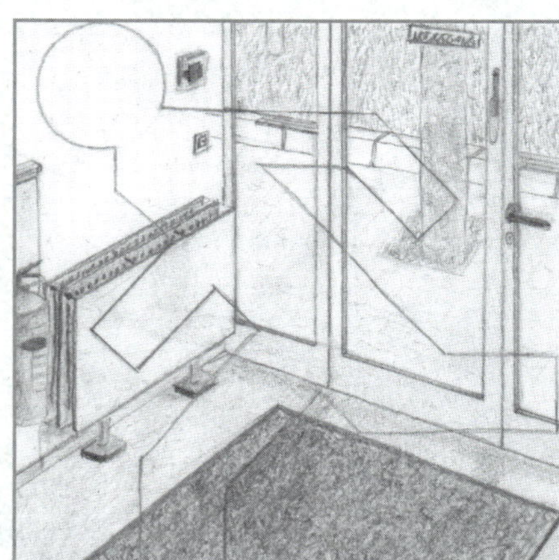

Verhalten

Befriedigend

Hinweis

Wollen: Engagement – Berufung

Liebe Freunde,

wie ihr sicher schon wisst, bin ich am 21. September für ein Jahr nach Codo im Nordosten Brasiliens gegangen. Vor zwei Jahren bekam ich zufällig ein Faltblatt über ein Informationsseminar für »Missionare auf Zeit« (MaZ) in die Hände und dachte mir: Das ist das, wonach ich gesucht habe! Dieses Projekt gibt mir die Chance, meine Begeisterung für fremde Kulturen, Länder und Sprachen, meine »soziale Ader« und den Wunsch, nach dem Abitur auf jeden Fall ein Jahr etwas ganz anderes zu tun, unter einen Hut zu bringen. Ich war dann auf dem Info-Seminar und fühlte mich in meiner Vermutung bestärkt. Ein Jahr später habe ich mich bei mehreren Orden in ganz Deutschland beworben und landete schließlich bei den Pallotinerinnen in Limburg, die mir diese Stelle in Brasilien anboten. Mittlerweile bin ich in der Pfarrei sehr eingebunden mit Arbeit. Neben meiner Arbeit dort haben Nina und ich im Februar eine Woche Englischunterricht gegeben. Die Pfarrgemeinde hat ein Projekt, das Menschen aus dem Hinterland die Möglichkeit gibt, einen Schulabschluss nachzuholen. Die Schülerinnen und Schüler, oft auch Erwachsene, gehen sechs Jahre lang jeweils drei Monate in der Regenzeit in die Schule (vormittags, nachmittags und abends) und erhalten danach das brasilianische Abitur, das bei uns als Hauptschulabschluss anerkannt wird. Sie bezahlen entweder einen niedrigen Geldbetrag oder mit Naturalien. Der Großteil der Kosten muss aber durch Spenden finanziert werden…

Andrea mit einem ihrer Schützlinge

Es gibt auch noch andere soziale Projekte hier in Codo, z. B. einen Hort für unterernährte Kinder bis vier Jahre. Sie werden dort hygienisch versorgt und aufgepäppelt. Die Kinder sind den ganzen Tag dort, erhalten mehrere Mahlzeiten, werden gebadet und gegebenenfalls medizinisch betreut. Die älteren Kinder kommen in die Tagesstätte, in der ich arbeite. Außerdem gibt es eine kleine Schule für diejenigen, die in den staatlichen Schulen keinen Platz mehr bekommen haben. Für Jugendliche ab zehn Jahren wird ein Schreinerprojekt angeboten, an dem Jungen teilnehmen können. Für Mädchen existiert leider noch nichts Vergleichbares.
Neben einem Alphabetisierungsprogramm für Erwachsene wird den Menschen in einem »Lehrgarten« auch beigebracht, wie sie im eigenen Garten Gemüse anbauen können. Diese Projekte tragen sich zum Teil selbst, werden aber hauptsächlich durch Spenden finanziert.
Hoffentlich konnte ich euch etwas Neues über meine Arbeit hier erzählen.
Liebe Grüße und ein bisschen Sonne aus Brasilien

Eure Andrea

- Informiert euch über die Aktion MaZ (Missionare auf Zeit), z. B. im Internet auf deren Homepage. Nehmt mit Menschen, die sich in ähnlicher Weise wie Andrea engagieren oder engagiert haben, per E-Mail Kontakt auf.
- Das Bild des italienischen Barockmalers Caravaggio (1573-1610) handelt von einer »Berufung«. Betrachtet das Bild genau und tauscht euch darüber aus, was darauf dargestellt wird.
- Diskutiert darüber, bei welchen Berufen eurer Meinung nach eine »Berufung« vorausgehen muss.
- Informiert euch z. B. auf der Homepage des Zentrums für Berufungspastoral über kirchliche Berufe und Berufungen oder ladet einen kirchlichen Mitarbeiter (Priester, Diakon, Pastoralassistent/in, Gemeindereferent/in, Kirchenmusiker/in etc.) in den Religionsunterricht ein und sprecht mit ihm/ihr über den kirchlichen Dienst.

Berufen
Ich bin berufen,
etwas zu tun oder zu sein,
wofür kein anderer berufen ist.
Ich habe einen Platz in Gottes Plan,
auf Gottes Erde,
den kein anderer hat.
Ob ich reich bin oder arm,
verachtet oder geehrt bei den Menschen
Gott kennt mich
und ruft mich bei meinem Namen.

John Henry Newman

Werden: Ausbildung – Studium

Nach der Schule an die Uni gehen …

… oder eine Lehre beginnen …

Der Ernst des Lebens

In der lethargischen Stunde zwischen zwei und drei lag ich auf dem Sofa im Wohnzimmer, die Hände unterm Kopf verschränkt, hinüberstarrend auf den Farbdruck an der Wand, der Hannibals Grab darstellte. Unter einem graubraunen, wuchtigen, weit verzweigten Baum erhob sich ein Steinhaufen und daneben stand ein alter Schäfer sinnend auf seinen Stab gestützt und vor ihm, im wilden, trockenen Gras, weidete die Herde der Schafe. Das Fenster zur Straße stand offen, draußen staubte weißes Sonnenlicht, vom Tennisplatz an der gegenüberliegenden Straßenseite tönten träge, dumpfe Ballschläge. Zuweilen summte dicht unterm Fenster ein Auto vorbei oder eine Radglocke klingelte. Der Gedanke an die Stadt draußen belebte mich, ich sah die langen breiten Straßenzüge vor mir, die riesigen, von gebeugten, steinernen Sklaven getragenen Häuser, die Schlösser, Museen, Monumente und Türme, die Hochbahnen auf ihren Brücken und die unterirdischen Bahnen mit ihrem Gedränge und ihren klappernden Reklameschildern. Schon wollte ich aufstehen, da stand meine Mutter vor mir, nie merkte ich, wie sie ins Zimmer kam, immer erschien sie plötzlich mitten im Zimmer, wie aus dem Boden emporgewachsen, den Raum mit ihrer Allmacht beherrschend. Hast du deine Aufgaben gemacht?, fragte sie und ich sank zurück in meine Müdigkeit. Noch einmal fragte sie, bist du schon fertig mit deinen Aufgaben? Aus meiner dumpfen Lage heraus antwortete ich, ich mache sie später. Sie aber rief, du machst sie jetzt. Ich mache sie nachher, sagte ich in einem schwachen Versuch des Widerspruchs. Da hob sie wie in einem Wappenschild die Faust und rief ihren Wappenspruch, ich dulde keinen Widerspruch. Dicht trat sie an mich heran und ihre Worte fielen wie Steine auf mich herab, du musst büffeln und wieder büffeln, du hast noch ein paar Jahre, dann wirst du ins Leben hinaustreten und dazu musst du etwas können, sonst gehst du zugrunde. Sie zog mich an meinen Schreibtisch zu den Schulbüchern. Du darfst mir keine Schande machen, sagte sie. Ich leide schlaflose Nächte deinetwegen, ich bin verantwortlich für dich, wenn du nichts kannst, dann fällt das auf mich zurück, leben heißt arbeiten, arbeiten und arbeiten und immer wieder arbeiten. Dann ließ sie mich allein. Neben mir auf einem Brett stand das Modell einer Stadt, das ich mir aus Papier und Zellophan, aus Drähten und Stäben erbaut hatte. Nach meinen zerstörerischen Spielen war dies der erste konstruktive Versuch. Es war eine Zukunftsstadt, eine utopische Metropole, doch sie war unvollendet, skeletthaft, ich wusste plötzlich, dass ich nicht daran weiterbauen würde, ich sah nur noch zerknittertes, leimdurchbröckeltes Papier und alles war verbogen und zerbrechlich, man konnte es mit einem Atemzug umblasen. Ich musste nach anderen Mitteln des Ausdrucks suchen. Während ich über meinem Tagebuch brütete, öffnete sich die Tür und mein Vater trat ein. Er sah mich am Schreibtisch hocken, bei irgendwelchen Beschäftigungen, an denen er nie teilhaben durfte, er sah, wie hastig etwas in der Schublade verschwand. Was treibst du denn da?, fragte er. Ich mache meine Schulaufgaben, sagte ich. Ja, darüber wollte ich gern mit dir sprechen, sagte er. Eine peinliche Spannung trat ein, wie immer bei solchen Gesprächen. Du bist jetzt alt genug, sagte er, dass ich einmal mit dir über Berufsfragen sprechen muss. Wie denkst du dir eigentlich deine Zukunft? Ich konnte auf diese quälende Frage nichts antworten. Mit einer Stimme, die verständnisvoll sein wollte und die etwas von einem Gespräch von Mann zu Mann hatte, sagte er, ich schlage vor, dass du in die Handelsschule eintrittst und dann in mein Kontor kommst. Ich murmelte etwas davon, dass ich erst noch die Schule absolvieren wolle, damit ich immerhin Zeit gewinne. Mein Vater sagte, jetzt mit wachsender Ungeduld, dazu scheinst du doch kaum zu taugen, ich glaube nicht, dass du begabt genug bist, und zum Studieren fehlt dir jede Ausdauer, du gehörst ins praktische Berufsleben. Sein Gesicht war grau und vergrämt. Wenn man vom Leben sprach, musste man grau und vergrämt sein. Leben war Ernst, Mühe, Verantwortung. Mein Gesicht, das

... oder seine künstlerischen Fähigkeiten ausbilden?

Gesicht eines Nichtskönners und Tagediebs, verzog sich zu einem verlegenen, stereotypen Grinsen. Gekränkt sagte mein Vater, du brauchst gar nicht zu lachen, das Leben ist kein Spaß, es wird Zeit, dass du einmal wirklich arbeiten lernst. Vielleicht spürte er eine Regung von Zärtlichkeit für mich, doch als er meinen schiefen, feindlichen Blick sah, musste er sich hart machen und seinen festen Willen zeigen. Mit der flachen Hand schlug er auf den Tisch und rief, wenn dieses Schuljahr zu Ende ist, dann ist es Schluss mit den Träumereien, dann wirst du dich endlich der Realität des Daseins widmen.

Peter Weiss

- Vernunft – Neigung – Familientradition: Welche Kriterien sind ausschlaggebend für eure Berufs- und Ausbildungswahl?
- Vielleicht kennt ihr ähnliche Situationen wie die im Text beschriebene. Versetzt euch in einem Rollenspiel in die Lage der beteiligten Personen und überlegt, aus welcher Motivation heraus sie so handeln, wie in der Geschichte beschrieben.
- Überlegt euch, wie die Geschichte weitergehen könnte (der Vater unterhält sich mit der Mutter, der Ich-Erzähler reagiert auf die Forderungen der Eltern). Verfasst entsprechende Dialoge.
- Betrachtet die Bilder auf der Seite: in welchem Bereich seht ihr eure Zukunft? Sammelt weitere Bilder zum Thema und erstellt eine Collage.

Sein: Anpassung – Entfaltung

Der optimale Bewerber?

Ich wohne in einer guten Wohngegend. Sie entspricht meinem Gehalt. Ich lebe hier schon längere Zeit und bin vorher auch nicht ohne Grund umgezogen. Ich verhalte mich stets anständig gegenüber meinem Arbeitgeber, bin auch nicht beschwerdesüchtig. Ich liege altersmäßig sehr günstig und beweise Selbständigkeit und Initiative. Ich stelle mich wendig an, meine Erfahrungen nutzen dem Unternehmen, ich bin mit meiner Arbeit glücklich und zufrieden, zeige Schwung und Begeisterung und verfüge über die Fähigkeit, mit anderen gut auszukommen. Ich sehe gute Aufstiegschancen, meine Zielvorstellungen sind gut und mit den Absichten und Zwecken des Unternehmens vereinbar.
Ich habe Ehrgeiz, ich zeige, dass ich mein Schicksal zu meistern verstehe, und übernehme gerne Verantwortung. Ich komme aus einem ruhigen, gesicherten Elternhaus, meine Erziehung war erstklassig, ich hatte schon als junger Mensch die Anlage, Führer einer Gruppe zu sein, und wurde schon früh finanziell selbständig. Meine Ausbildung zeigt eine klare Linie. Ich war zielstrebig und ausdauernd. Ich nahm regelmäßig an Schulungen und Lehrgängen teil, auch während meiner Freizeit.

Meine Frau und ich passen gut zusammen. Meine Familienverhältnisse schaffen die Voraussetzungen für einen wirksamen Arbeitsanreiz. Meine Hobbys sind der betrieblichen Arbeit förderlich: Wir haben auch gegen eine Versetzung nichts einzuwenden. Ich bevorzuge das Leben in der Gemeinschaft, bin gesellschaftlich aufgeschlossen, vertrete wirksam das Öffentlichkeitsprogramm des Unternehmens und bin ein aktiver Staatsbürger. Meine Gesamterscheinung ist sympathisch, mein Alterseindruck den Jahren entsprechend, mein Auftreten korrekt, höflich und natürlich, meine Manieren sind gepflegt, Körper, Haare, Zähne und Hände sind einwandfrei, meine Kleidung ist adrett und ordentlich, mein Körperbau ist kräftig, die Körperhaltung straff, die Kopfhaltung natürlich, die allgemeinen Körperbewegungen sind flüssig, harmonisch und zielgerecht, mein Gesicht ist offen und interessant, die Gesichtsfarbe frisch, der Blick offen und kritisch, der Händedruck fest, der Gang bestimmt, mein Stand ist sicher und fest gegründet, meine Sprechart ist einschmeichelnd und suggestiv, die Stimmstärke laut, das Sprechtempo ruhig, meine Rede und Ausdrucksweise ist wortreich und neuartig, das Niveau ist hoch, meine Argumentation geschliffen und überzeugend.

Jürgen Stelling

- ▶ Verfasst ein Stellenangebot, das zum Profil des Verfassers passt.
- ▶ Wie müsste eine Stellenanzeige aussehen, die einen anderen Lebenslauf mit menschlichen Schwächen und Eigenheiten fordert?

Nichts

Die Hölle war total überfüllt, und noch immer stand eine lange Schlange am Eingang. Schließlich musste sich der Teufel selbst herausbegeben, um die Bewerber fortzuschicken. »Ein einziger Platz ist noch frei, den muss der ärgste Sünder bekommen!«, rief er. »Ist vielleicht ein Mörder da?« Er hörte sich die Verfehlungen der Anstehenden an. Schließlich sah er einen, den er noch nicht befragt hatte. »Was haben Sie getan?«, fragte er ihn. »Nichts. Ich bin ein guter Mensch und nur aus Versehen hier.« – »Aber Sie müssen doch etwas getan haben! Jeder Mensch stellt etwas an.« – »Ich sah es wohl«, sagte der Mann, von sich überzeugt, aber ich hielt mich davon fern. Ich sah, wie Menschen ihre Mitmenschen verfolgten, aber ich beteiligte mich nie. Sie haben Kinder hungern lassen und in die Sklaverei verkauft; sie haben auf den Schwachen herumgetrampelt. Sie haben von ihren Übeltaten jeder Art profitiert. Ich allein widerstand der Versuchung und tat nichts.« – »Absolut nichts?«, fragte der Teufel ungläubig. »Sind Sie völlig sicher, dass Sie alles angesehen haben?« – »Vor meiner eigenen Tür!« – »Und nichts haben Sie getan?«, wiederholte der Teufel. – »Nein!« – Da sagte der Teufel: »Komm herein, mein Sohn. Der Platz gehört dir!«

Nach Calderon

**Vor dem Ende sprach Rabbi Sussja: »In der kommenden Welt wird man mich nicht fragen: Warum bist du nicht Mose gewesen?
Man wird mich fragen: Warum bist du nicht Sussja gewesen?«**

Martin Buber

- Vergleicht die Legende »Nichts« mit dem Gleichnis von den Talenten* (Mt 25,14-28).
- Erstellt einen Wochenplan, in dem die Zeit, in der ihr wirklich nichts tut, markiert wird. Welche Tätigkeiten stehen dieser Zeit gegenüber? Welche sind auf eure Begabungen zurückzuführen?
- Notiert, welche Talente ihr gerade hegt und pflegt und welche ihr vernachlässigt. Besprecht das Ergebnis mit eurer Banknachbarin/eurem Banknachbarn.
- Fotografiert euch gegenseitig bei der Ausübung eurer Talente und fertigt ein entsprechendes Poster mit den Bildern. Vielleicht könnt ihr dazu auch Gedichte, Märchen und andere Geschichten zum Thema Talente erfinden oder sammeln.
- Welche Forderung verbirgt sich hinter der Frage in Martin Bubers Text?

Arbeit – Wohlstand – Verantwortung

Art. 166 BV

(1) Die Arbeit ist die Quelle des Volkswohlstandes und steht unter dem besonderen Schutz des Staates.
(2) Jedermann hat das Recht, sich durch Arbeit eine auskömmliche Existenz zu schaffen.
(3) Er hat das Recht und die Pflicht, eine seinen Anlagen und seiner Ausbildung entsprechende Arbeit im Dienst der Allgemeinheit nach näherer Bestimmung der Gesetze zu wählen.

Aus der bayerischen Verfassung

Über den Sinn menschlicher Arbeit

Der Mensch soll sich die Erde untertan machen, soll sie beherrschen, da er als »Abbild Gottes« eine Person ist, das heißt ein subjekthaftes Wesen, das imstande ist, auf geordnete und rationale Weise zu handeln, fähig, über sich zu entscheiden, und auf Selbstverwirklichung ausgerichtet. Als Person ist der Mensch daher Subjekt der Arbeit. Als Person arbeitet er und vollzieht die verschiedenen Handlungen, die zum Arbeitsprozess gehören; unabhängig von ihrem objektiven Inhalt müssen diese alle der Verwirklichung seines Menschseins dienen, der Erfüllung seiner Berufung zum Personsein, die ihm aufgrund seines Menschseins eigen ist …
Die Arbeit bildet eine Grundlage für den Aufbau des Familienlebens, welches ein Recht und eine Berufung des Menschen ist … Die Arbeit ist in gewisser Hinsicht Vorbedingung für die Gründung einer Familie, da diese für ihren Unterhalt Mittel braucht, die sich der Mensch normalerweise durch Arbeit erwirbt …
Der dritte Bereich von Werten, der in unserer gegenwärtigen Perspektive – vom Subjekt der Arbeit her – sichtbar wird, betrifft jene umfassende Gemeinschaft, welcher der Mensch aufgrund besonderer kultureller und historischer Bindung angehört. Die Volksgemeinschaft ist … eine große und soziale Inkarnation der Arbeit aller Generationen. All das bewirkt, dass der Mensch seine tiefste menschliche Identität mit der Zugehörigkeit zu einer Nation verbindet und seine Arbeit auch als eine zusammen mit seinen Landsleuten erarbeitete Mehrung des Gemeinwohls versteht, wobei ihm auch bewusst wird, dass auf diesem Weg die Arbeit zur Mehrung der Güter der ganzen Menschheitsfamilie, aller auf Erden lebenden Menschen, dient.

Aus der Sozialenzyklika »Laborem Exercens«, 1981*

Soziale Verantwortung von Unternehmen

Die soziale Verantwortung von Unternehmen (*Corporate Social Responsibility,* CSR) hat in den letzten Jahren in unserer Gesellschaft zunehmend an Bedeutung gewonnen. Die Gesellschaft beginnt mehr und mehr zu verstehen, dass Reichtum nicht mit ökonomischem Kapital gleichgesetzt werden kann, sondern im Wesentlichen ein hohes Maß an sozia-

- ▶ Erörtert, in welchen Punkten die Gesellschaft hinter dem Anspruch des zitierten Programmsatzes in der Bayerischen Verfassung zurückbleibt, wo die Ursachen dafür liegen und wo gerade Christen als Bürgerinnen und Bürger dazu beitragen können, wenigstens Teile dieses Anspruchs zu realisieren.
- ▶ Sollte das Recht auf Arbeit ein verfassungsmäßiges Grundrecht sein? Diskutiert darüber.
- ▶ Welche drei Funktionen muss die Arbeit nach Aussage der Sozialenzyklika* erfüllen? Erstellt ein Schaubild dazu.
- ▶ Sucht in Stellenanzeigen nach Angeboten, welche die in der Sozialenzyklika genannten Bedingungen erfüllen könnten.
- ▶ Wie wird in den unterschiedlichen Texten auf dieser Doppelseite von den Arbeitnehmern gesprochen?
- ▶ In welchen Zusammenhang stellen die Texte gesellschaftliche Verantwortung und wirtschaftliches Handeln? Wo seht ihr Überschneidungen, wo Unterschiede? Dieses Thema lässt sich evtl. im WR-Unterricht vertiefen.
- ▶ Grenzt anhand der Geschichte von den drei Steinmetzen im ersten Kapitel 10 die Begriffe »Job«, »Arbeit« und »Beruf« voneinander ab.

lem, ökologischem und menschlichem Kapital darstellt. CSR wird vonseiten der Politik, der Kirchen und der Wirtschaft, auf nationaler, europäischer und globaler Ebene inzwischen verstärkt als eine Notwendigkeit betrachtet – und das in einer Zeit des industriellen Wandels und der wachsenden Globalisierung ...
Die wachsende gesellschaftliche Verantwortung der Wirtschaft liegt nicht zuletzt darin begründet, dass immer mehr Firmen erkannt haben, dass überdurchschnittliche sozial- und umweltverträgliche Unternehmenspraktiken mit der Rentabilität zusammenhängen. Verantwortungsvoll agierenden Unternehmen gelingt es nicht nur, die besten Arbeitskräfte zu verpflichten und zu binden, sie verschaffen sich auch einen Vorsprung im technologischen Rennen und damit einen alles entscheidenden Wettbewerbsvorteil ...
Das Konzept CSR lässt sich in eine interne und eine externe Dimension unterteilen.
Der internen Dimension lassen sich das Humanressourcenmanagement, der Arbeitsschutz, die sozial verantwortungsvolle Bewältigung des globalen Wandels und das umweltbewusste Handeln, welches sich in dieser Dimension vorwiegend auf den Umgang mit den in der Produktion verwendeten natürlichen Ressourcen bezieht, subsumieren.
Die externe Dimension bezieht sich auf lokale Gemeinschaften (Integration der Unternehmen in das lokale Umfeld), Geschäftspartner, Zulieferer und Verbraucher, die Menschenrechte und den globalen Umweltschutz.
Zusammengefasst bekräftigen die Unternehmen durch die Übernahme der sozialen Verantwortung ihre Rolle im Rahmen des sozialen, regionalen und lokalen Zusammenhalts. Jede Unternehmung hat die Möglichkeit, die Qualität der Arbeitsplätze und die Qualität der Beziehungen zwischen den Sozialpartnern über die Produktion und die Investition zu

Charly Chaplin in »Moderne Zeiten« (1937)

beeinflussen. Hierzu zählen auch die Achtung der Grundrechte, Chancengleichheit, Nichtdiskriminierung, Kunst und Kultur, die Qualität von Waren und Dienstleistungen, Gesundheit und Umwelt ...
Zu den wichtigsten freiwilligen Initiativen zur sozialen Verantwortung gehören in Deutschland die soziale Integration ausländischer Arbeitnehmer, Durchführung gemeinnütziger Programme, die Aus- und Weiterbildung und die Einhaltung der Menschenrechte ...
Über die dargestellten Initiativen hinaus, gibt es in Deutschland eine Reihe von durch Unternehmen gegründete Stiftungen, die soziale, kulturelle und bildende Einrichtungen unterstützen.

Aus einer Dokumentation zur Erfassung von »Models of good practice« im Auftrag der Weltgesundheitsorganisation (WHO) in Zusammenarbeit mit dem Bundesverband der Betriebskrankenkassen

- Findet heraus, welche Gründe der oben stehende Text dafür nennt, dass Unternehmen CSR-Kriterien in ihre Unternehmensgrundsätze schreiben.
- Welche Werte lassen sich religiös begründen? Welche Begriffe sind aus theologischer Sicht problematisch?
- Recherchiert im Internet Unternehmensgrundsätze großer Konzerne. Sie finden sich in der Regel in dem Bereich, in dem sich das Unternehmen vorstellt unter »Leitbild«, »Grundsätze« oder »Essentials«. Vergleicht Gemeinsamkeiten und Unterschiede.
- Welche Rolle spielen eurer Meinung nach solche ethischen* Grundsätze im Alltag dieser Unternehmen? Glaubt ihr, dass solche Kriterien später eure Wahl des Arbeitgebers beeinflussen werden? Wenn ja, warum; wenn nein, warum nicht?

Leistung – Lohn – Gerechtigkeit

Die großen Leute

Die großen Leute haben eine Vorliebe für Zahlen. Wenn ihr von einem neuen Freund erzählt, befragen sie euch nie über das Wesentliche. Sie fragen euch nie: Wie ist der Klang seiner Stimme? Welche Spiele spielt er am liebsten? Sammelt er Schmetterlinge? Sie fragen euch: Wie alt ist er? Wie viel Brüder hat er? Wie viel wiegt er? Wie viel verdient sein Vater? Dann erst glauben sie, ihn zu kennen. Wenn ihr zu den großen Leuten sagt: Ich habe ein sehr schönes Haus mit roten Ziegeln gesehen, mit Geranien vor den Fenstern und Tauben auf dem Dach ... dann sind sie nicht imstande, sich dieses Haus vorzustellen. Man muss ihnen sagen: Ich habe ein Haus gesehen, das hunderttausend Franken wert ist. Dann schreien sie gleich: Ach, wie schön! So sind sie. Man darf ihnen das auch nicht übelnehmen. Kinder müssen mit großen Leuten viel Nachsicht haben.

Aus: Antoine de Saint-Exupéry, Der kleine Prinz

Deutschen Absolventen ist Geld am wichtigsten

München – Nach einer repräsentativen Umfrage im Auftrag der Beratungsgesellschaft *Accenture* nannten 84 Prozent aller deutschen Befragten eine gute »Bezahlung« als wichtigstes Kriterium für die erste Stelle. Ähnlich hohe Erwartungen hatten die Amerikaner (83 Prozent), während unter Franzosen, Briten und Spaniern nur 47 Prozent die Bezahlung sehr wichtig nahmen.

Aus der Süddeutschen Zeitung vom 9. Oktober 2004

Der entdeckte Schatz

Als er entdeckte,
welche Schätze und Talente
in ihm selbst verborgen schlummerten,
ging er in seiner übergroßen Freude hin,
trennte sich von allem,
was er bisher antrainiert hatte,
und grub all seine Talente aus.

Immer wieder betrachtete er sie
und brachte sie zur Blüte –
womit er den Rest seiner Lebensjahre füllte.
Er war überrascht und hoch erfreut,
wie wunderbar einmalig und kostbar
doch seine Schätze waren.

Zeitweise empfand er dabei so viel Glück,
dass ihm zumute war,
als habe er ein Stück Himmel
in sich selbst entdeckt.

Klemens Nodewald

- Verhaltet ihr euch auch manchmal wie die »großen Leute«, die der kleine Prinz beschreibt? Welche Kriterien können den Wert einer Arbeit, einer Sache oder einer Person bestimmen?
- »Geld macht nicht glücklich, aber es beruhigt.« Das deutsche Sprichwörter-Lexikon kennt 1420 Sprichwörter zum Thema Geld, welche kennt ihr?
- Was würdet ihr mit einem unverhofften Geldsegen machen? Erstellt eine Rangliste der Klasse. Startet eine Umfrage (auf dem Schulhof): »Woran denkst du beim Wort Geld?«

Gerechter Lohn?

»So ein Mist! – Meine Handykarte ist schon wieder leer und ich habe keine Kohle mehr.« Markus trottete auf dem Weg von der Schule nach Hause und ärgerte sich darüber, dass er diesen Monat sein ganzes Taschengeld schon für CDs ausgegeben hatte. Ohne sein Handy fühlte er sich wie abgeschnitten vom Rest der Welt. Als er am Gemüseladen von Herrn Faltmeyer vorbeikam, bemerkte er zunächst nicht, dass da ein großer Lastwagen parkte, aus dem gerade Gemüsekisten ausgeladen wurden. »Mensch, Markus, willst du dir nicht auf die Schnelle was verdienen? Ich biete dir 15 Euro, wenn du mir hilfst, die Ladung in den Lagerraum zu bringen!«, hörte er Herrn Faltmeyer rufen. Das war die Lösung seines Problems! Ohne lange zu überlegen, nahm er diesen kleinen Job natürlich an und legte los. Nach einer Stunde hatten sie ungefähr die Hälfte der Kisten in den Lagerraum im Keller geschleppt. Da kam Alex vorbei. Der Junge wohnt in der Nachbarschaft und ist drei Jahre jünger als Markus. Auch ihn sprach der »Chef« jetzt an und bat ihn um Mithilfe gegen Bezahlung. Alex packte sofort mit an. Nach kurzer Zeit waren sie schließlich fertig und hatten sogar noch den LKW ausgekehrt. Herr Faltmeyer nahm 30 Euro aus der Kasse und gab jedem von ihnen die Hälfte. »Das ist aber nicht fair!«, maulte Markus vor sich hin …

Keith Haring, 1985

- Wovon könnte sich der Finder des Schatzes in dem Gedicht von Klemens Nodewald getrennt haben? Welche Schätze sind gemeint? Vergleicht das Gedicht mit dem Gleichnis vom Schatz in Mt 13,44 und dem Gleichnis vom anvertrauten Geld (Mt 25,14-30).
- Klärt in einem Schreibgespräch, welche Schätze ihr sammelt.
- Welches Argument wird Markus in der Geschichte »Gerechter Lohn?« vorbringen? Wie wird sich Herr Faltmeyer verteidigen?
- Wie ist das Wort »Lohn« eurer Meinung nach definiert? Informiert euch über Lohn- und Tarifverhandlungen in der Arbeitswelt. Sucht den entsprechenden Text im Matthäusevangelium und vergleicht das Lohnverständnis, das hier zum Ausdruck kommt, mit euren Definitionen.
- Warum kann das Bild von Keith Haring ganz unterschiedlich gedeutet werden?

Christ sein in der Arbeitswelt

Alles, was ihr von anderen erwartet, das tut auch ihnen! Darin besteht das Gesetz und die Propheten.

Mt 7,12

Gladiatorenkampf, Fußbodenmosaik, ca. 200 n. Chr.

In der frühen Kirche gab es einige Berufsverbote. Christen durften keine Tätigkeiten ausüben, die mit Astrologie, Magie, Wahrsagerei und Ähnlichem zu verbinden waren. Außerdem sollten sie weder selbst als Schauspieler, Künstler oder Gladiatoren noch als Zuschauer an Veranstaltungen, die der Unterhaltung dienten, teilnehmen. Zudem sehen die Kirchenväter Tertullian (gest. 220), Hippolyt (gest. 235) und Origenes (gest. 254) im dritten Jahrhundert den Dienst an der Waffe bzw. alle militärischen Aufgaben als einen Verstoß gegen das christliche Bekenntnis an:

Wir Christen ziehen das Schwert gegen keine Nation, wir lernen keine Kriegskunst mehr, denn wir sind Söhne des Friedens geworden durch Christus.

Origenes

- Welchen Zusammenhang seht ihr zwischen der »Goldenen Regel« (Mt 7,12) und den Berufsverboten im frühen Christentum? Informiert euch über die historische Weiterentwicklung dieser Berufsverbote.
- Darf ein Christ heute in der Rüstungsindustrie arbeiten? Oder als Börsenmakler? Oder als Barkeeper in einem Bordell? Stellt z. B. mithilfe der Internetadresse www.machs-richtig.de Berufe zusammen, bei denen ein christlich geprägtes Gewissen vielleicht in Konflikt geraten könnte. Ebenso findet ihr sicher Berufe, in denen christliche Grundforderungen wie Nächstenliebe durchscheinen. Diskutiert, inwieweit diese Kriterien bei eurer Berufswahl ausschlaggebend sein könnten.

Die Liebe lässt sich viel zu viel gefallen

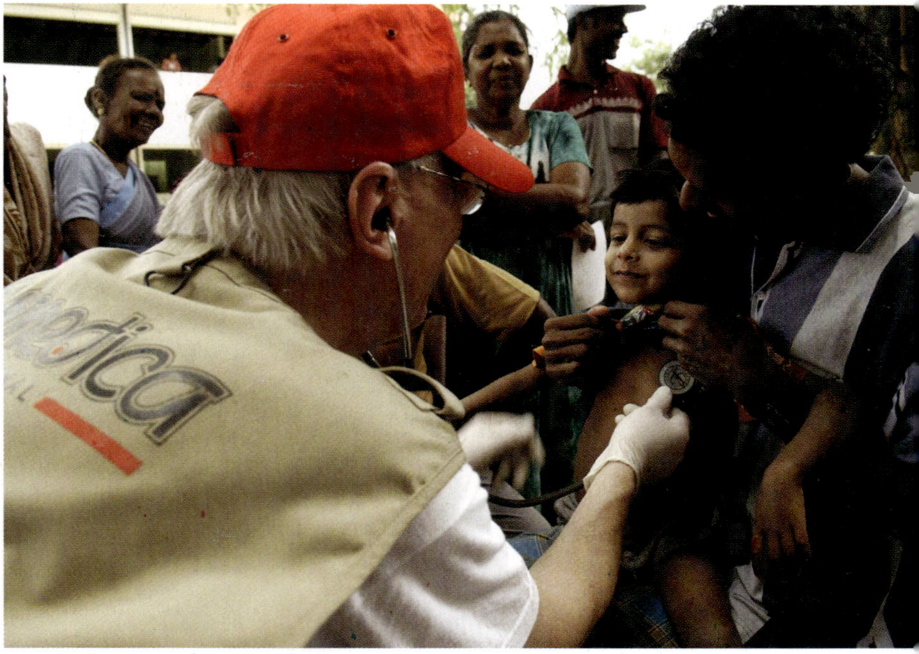

Die Humedica-Ärzte – im Bild Wolfgang Riske – kümmern sich im Nordosten Sri-Lankas ehrenamtlich um 15 000 Menschen in 28 Flüchtlingscamps. Weitere 6000 Singhalesen werden von Kaufbeuren aus mit Care-Paketen versorgt.

Wenn ich Fachmann wäre auf
irgendeinem Gebiet
und trüge öffentliche Verantwortung
und hätte noch sentimentale
Regungen,
Liebe und so,
dann wäre ich ein Versager.

Wenn ich in einem Laden stünde
und verkaufen müsste,
und ich dächte an die Menschen mehr
als an das Geld, das in die Kasse kommt,
dann bekäme ich Schwierigkeiten
mit dem Chef.

Wenn ich über den Frieden
zu verhandeln hätte
auf einer internationalen Konferenz,
und ich traute meinem Gegenüber zu,
dass er ein anständiger Mensch sei,
dann wäre ich unfähig,
Friedenspolitik zu machen,
denn der Friede kann ja nur gesichert werden
durch das Gleichgewicht des Schreckens.

Die Liebe lässt sich viel zu viel gefallen.
Die Liebe öffnet dem Bösen Tür und Tor,
Die Liebe ermuntert zum naiven Vertrauen.
Die Liebe reizt alle bösen Menschen
zu Mord und Totschlag.
Die Liebe bereitet allen Feinden den Weg
zum Angriff.
Wer von der Liebe spricht, ist ein Verharmloser
oder ein Traumtänzer.
Die Liebe macht den Staat kaputt.
Die Liebe erzieht zur Respektlosigkeit.
Für einen Vernünftigen hat die Liebe nur dort Sinn,
wo sie erwidert wird, und auch dort kaum.

Wer liebt, ist dumm und ahnungslos.
Wer vernünftig ist, hält nichts von der Liebe.
Denn die Liebe fällt auf jeden herein.
Die Liebe stolpert über jede amtliche Vorschrift.
Die Liebe verliert jeden Prozess.
Die Liebe lässt sich nur ausnützen.
Sie ist das Gefängnis der Freiheit
und das Hindernis
auf dem Weg zur Selbstverwirklichung.

Darum sorge dafür, dass aus der Liebe
nie mehr wird als ein Wort.
Sorge dafür, dass die Liebe nie überhandnimmt.

Nun aber bleiben das Geld,
die Macht und das Misstrauen,
diese drei,
und die Liebe kannst du wegwerfen.

Jörg Zink

► Dieser Text ist ein »Gegentext« zu 1 Kor 13 (vgl. 99). Vergleicht ihn mit dem Original: Welche Werte werden jeweils propagiert? Sucht Beispiele aus dem gesellschaftlichen Leben und aus dem Berufs- und Arbeitsleben für beide Seiten. Wo ergeben sich Spannungsfelder?

Stellenangebot

Barbara Burck, 2004

Gesucht:
Menschen

Belanglos:
Alter,
Herkunft,
Zeugnisse

Geboten:
Betätigungsfelder
für jede Begabung
gemäß Mt 25,35-36
sowie 1 Kor 12,4-6

Arbeitszeit:
Nicht fest geregelt

Vergütung:
Mt 25,34 und Mt 25,40

Fähigkeiten:
offene Herzen
sehende Augen
hörende Ohren
helfende Hände
wacher Geist
Sachverstand

Fortbildung:
Laufend möglich

Bewerbungen:
Kennwort
»Christ sein«

Christa Peikert-Flaspöhler

Lexikon

Vorbemerkung: Ab Religion vernetzt 9 sind die Lexikonartikel, die wichtiges Basiswissen enthalten, mit einem Farbraster unterlegt. Es lohnt sich, die dort enthaltenen Informationen zu vertiefen.

Ägypten

An der Nahtstelle zwischen Afrika und Asien gelegen, gilt Ägypten als einer der ältesten Kulturorte der Menschheit. Die Anfänge der ägyptischen Zivilisation liegen ca. 7000 Jahre in der Vergangenheit.
Dem Nil, der aus dem afrikanischen Inneren in einem großen Delta ins Mittelmeer mündet und mit jährlichen Überschwemmungen Fruchtbarkeit in das trockene Land brachte, ist dabei vor allem das Entstehen einer Hochkultur zu verdanken.
Etwa ab 3000 vor Christus entsteht entlang dieses Flusses ein einheitliches Reich mit einem sakralen König, dem Pharao, einer immer effizienteren Verwaltung und einer eigenen Schrift. Zeugnisse dieser Kultur sind große Tempelanlagen für die Vielzahl der ägyptischen Götter und vor allem die ausgeprägte Grabkultur, deren berühmteste Beispiele die großen Pyramiden von Gizeh darstellen. Nach einem Auf und Ab großer Herrscher und Dynastien und unterbrochen von mancher Fremdherrschaft endet die pharaonische Geschichte 30 v. Chr. mit dem Tode von Kleopatra; Ägypten wird dann römische Provinz.
Etwa um 1650 v. Chr. eroberten die Hyksos, vermutlich ein semitisches Volk, Ägypten; es ist wahrscheinlich, dass im Zuge dieser Fremdherrschaft weitere semitische Stämme nach Ägypten zogen und Mitglieder dieser Stammesgruppe sogar zur Unterdrückung der Ägypter in höchste Verwaltungsstellen aufstiegen. Dies ist wohl der geschichtliche Hintergrund der Erzählungen um Josef, den nach Ägypten verkauften Sohn Jakobs, und die Einwanderung eines Teilvolks der Israeliten nach Ägypten.

Auch auf dem Bild »Kreuztragung«, das Hieronymus Bosch 1515 malte, zeigt sich → Antijudaismus, indem der Maler den spottenden Menschen Gesichtszüge verleiht, mit denen Juden bis zur Zeit des Nationalsozialismus rassistisch karikiert wurden.

Antijudaismus/Antisemitismus

Unter Antijudaismus versteht man die grundsätzlich ablehnende Gesinnung und pauschal feindliche Haltung gegenüber den Juden als Religionsgemeinschaft, die bereits schon vor der Entstehung des Christentums existierte und u. a. in der monotheistischen Gottesvorstellung, der Darstellung der eigenen Heilsgeschichte sowie in den kultischen Bräuchen und Riten (z. B. Beschneidung, Reinheits- und Speisegebote, Sabbat etc.) begründet war. In christlicher Zeit kam v. a. der Vorwurf der Ermordung Christi hinzu.
Der Begriff »Antisemitismus« wurde dagegen erst 1879 von dem deutschen Journalisten Wilhelm Marr geprägt, um eine »rassisch«, nicht religiös fundierte Judenfeindschaft zu bezeichnen. Die rassistische Konstruktion von der prinzipiellen Andersartigkeit und Fremdartigkeit der Juden, also der »semitischen Rasse« im Gegensatz etwa zur »arischen Rasse«, diente schließlich als Erklärungsmuster für alles nationale, soziale und wirtschaftliche Unglück des eigenen Volkes, ja für alles »Böse in der Welt« schlechthin. Zionistische Kreise (→ Zionismus) waren davon überzeugt, dass der Antisemitismus ein unvermeidlicher Bestandteil des jüdischen Lebens in der → Diaspora sei, und forderten daher die internationale Anerkennung eines Rechtsanspruches auf eine Heimat in Palästina.
Die Lösung der so genannten »Judenfrage« (erstmals von Eugen Dühring 1880 aufgegriffen) führte über Entrechtung, Ausgrenzung und Ausplünderung bis hin zur Vernichtung im millionenfachen Massenmord der → Shoa.

Augustinus

Der Kirchenlehrer und Heilige Augustinus wurde am 13. November 354 in Tagaste, Numidien, geboren und starb am 28. August 430 in Hippo Regius. Zunächst war er Rhetor in Karthago, Rom und Mailand, wo er unter dem Einfluss des Bischofs Am-

Älteste Darstellung des → Augustinus, Mosaik an der Kapelle Sancta Sanctorum in der Bibliothek von Papst Gregor dem Großen im Lateran, 6. Jahrhundert

brosius und seiner christlichen Mutter Monika Christ wurde (Taufe 387). 388 kehrte er nach Nordafrika zurück und wurde 395 Bischof von Hippo. Als Theologe war Augustinus richtungweisend für die Trinitäts-, Gnaden- und Kirchenlehre, für die theologische Schau der Geschichte, für die Stellung der Kirche zum Staat und für die Entwicklung des westlichen Mönchtums. Durch seine zahlreichen Schriften beeinflusste er die christliche Theologie bis in die Gegenwart. Seine Hauptschriften heißen »Bekenntnisse«, »Über die Dreieinigkeit«, »Vom Gottesstaat« und »Enchiridion«. Sein Gedenktag ist der 28. August.

Babylonisches Exil

(586 bis 537 v. Chr.)
Neben der Exodus*-Erfahrung war das babylonische Exil eines der erschütterndsten und für die Geschichte des Volkes Israel prägendste Ereignisse in vorchristlicher Zeit. Die Eroberung Judas und die Zerstörung Jerusalems durch den babylonischen König Nebukadnezar II. bedeutete für Israel eine Katastrophe ohnegleichen. Nachdem die Stadt gebrandschatzt und geplündert, der Tempel niedergerissen und die Fürsten und die königliche Familie ermordet worden waren, wurde König Zidkija von Juda geblendet und mit zahlreichen Angehörigen der jüdischen Oberschicht in die Gefangenschaft nach Babylon verschleppt.
Wenngleich die Verbannten im Königreich Babylon gewisse religiöse und kulturelle Freiheiten genossen und die wenigen in Juda zurückgebliebenen Israeliten versuchten, die verbrannte Erde wieder zu kultivieren, erschütterte das Unheil der Niederlage und des Exils den Glauben Israels. Die Grundstimmung der Exilanten gibt eindrucksvoll Psalm 137 wieder.
Doch in dieser schwierigen Situation erwiesen sich erneut die → Propheten als Tröster und Mutmacher ihres Volkes (vgl. etwa die große Vision Ezechiels von der Erneuerung und Heimführung des Volkes, Ez 37).

Das babylonische Flachrelief aus dem 9. Jh. v. Chr. zeigt den Sonnengott Schamasch. Die im → Babylonischen Exil lebenden Juden gerieten in Gefahr, Elemente der dortigen Gottesverehrung zu übernehmen.

Nach der Eroberung des babylonischen Reiches erlaubte der Perserkönig Kyros II. den Gefangenen ab 537 v. Chr. die Rückkehr in ihre Heimat (vgl. Jes 45,1-5), um den Tempel wiederaufzubauen (vgl. Esr 1,5). Ein Teil blieb jedoch in Babylon zurück und bildete dort in einer der ersten → Diaspora-Gemeinden ein kulturelles jüdisches Zentrum. Aus den dort geführten Diskussionen der Schriftgelehrten entstand im sechsten Jahrhundert n. Chr. der babylonische Talmud (→ Tora).

Bar/Bat Mizwa

→ Feste, jüdische

Basisgemeinde

Bei den so genannten Basisgemeinden handelt es sich um von Laien getragene katholische Gemeinden, die besonders in der Zeit nach dem → Zweiten Vatikanischen Konzil entstanden. Kennzeichen der lateinamerikanischen Basisgemeinden, die infolge akuten Priestermangels entstanden, sind: überschaubare Laiengruppen von Menschen aus ähnlichen, meist armen Lebensumständen; beanspruchte Unabhängigkeit von der Kirchenleitung, d. h. Lektüre und Deutung der Bibel aus der Perspektive der eigenen Lebenserfahrung und bezogen auf die soziale Situation, Wortgottesdienste, Katechese (Unterweisung), Krankenbetreuung, Entwicklung solidarischer Praxis in Form von Nachbarschaftshilfen oder sozialpolitischen Projekten. Die Befreiungstheologie sieht in den Basisgemeinden die Keimzellen eines neuen, zukunftsweisenden Kirchenmodells. Die Basisgemeinden in Asien und Afrika sind zum Teil mit expliziter politischer Bewusstseinsbildung verbunden. Für die Entstehung von Basisgemeinden in Europa und Nordamerika, die teilweise bewusst

Impulse aus Lateinamerika aufgreifen, ist auch der Protest gegen die Anonymität der Großkirche und deren hierarchische Verwaltung sowie die Suche nach lebendiger Gemeinschaft von Bedeutung.

Befreiungstheologie

Die Theologie der Befreiung ist eine theologische Bewegung, die in den 1960er Jahren vor allem von katholischen Theologen in Lateinamerika aus Protest gegen Massenarmut, Ausbeutung und Unterdrückung in den Ländern der so genannten Dritten Welt entwickelt wurde. Eine ganzheitliche Befreiung der Menschen aus politisch-sozialer Bevormundung und aus persönlicher Schuld vor Gott betrachtet die Befreiungstheologie als beginnende geschichtliche Verwirklichung der Erlösung durch Jesus Christus. Träger des Befreiungsprozesses sind die → Basisgemeinden.
Die katholische Kirche korrigierte politische Fehldeutungen des Evangeliums, die durch die Befreiungstheologie entstanden sind.

David (um 1040 bis 965/964 v. Chr.)

David war der bedeutendste altisraelitische König. Er war Schwiegersohn und Nachfolger Sauls. Zuerst diente er als Truppenführer unter Saul (David und Goliat, 1 Sam 17). Nach dessen Tod wurde David König von Juda, später auch von Israel. Er unterwarf die Philister, eroberte Jerusalem und machte es zur Hauptstadt der durch Personalunion geeinten Reiche. Das von ihm gegründete Großreich umfasste Syrien und Palästina. Seine Nachkommen regierten bis 586 v. Chr. Die sich an seine Dynastie knüpfenden messianischen Hoffnungen (→ Messias) haben die jüdische Religion bis ins Neue Testament stark beeinflusst. Das Neue Testament zitiert David zudem als Verfasser der ihm zugeschriebenen Psalmen.

Die beiden Darstellungen → Davids aus der klassischen Kunst zeigen zwei Seiten seiner Persönlichkeit, die auch im Alten Testament beschrieben werden: die Marmorskulptur von Gian Lorenzo Bernini (1598-1680) stellt ihn als jugendlichen, mutigen Kämpfer dar; die hebräische Handschrift aus der zweiten Hälfte des 14. Jahrhunderts als empfindsamen Harfenspieler.

Davidstern *(Magen David)*

Der Davidstern ist nach König → David benannt und besteht aus zwei ineinander verschränkten gleichseitigen Dreiecken. Die erste uns bekannte Darstellung stammt aus der Synagoge von Kafarnaum und ist ca. 1800 Jahre alt. Sein Ursprung ist unklar, wird aber immer wieder symbolisch gedeutet, etwa als Kreis mit sechs Dreiecken für das Schöpfungswerk oder als zwölfeckiges Gebilde für die zwölf Stämme Israels.
Im 17. Jahrhundert fand er seinen Platz im amtlichen Gemeindesiegel in Prag und auch auf den Gebetbüchern der Prager Gemeinden. Der Davidstern befindet sich heute auch auf vielen religiösen Kultgegenständen, aber er verdeutlicht nur die Verbindung von Volksein und Glaubensgemeinschaft. Eine eigene religiöse Bedeutung hat er nicht.
Nach dem Missbrauch als »Judenstern« durch die Nationalsozialisten ziert der *Magen David* die Flagge des Staates Israel, umgeben von zwei blauen Streifen auf weißem Grund – in Anlehnung an den *Tallit*, den weißen Gebetsmantel mit blauen Streifen (→ Gebetsriten, jüdische).

Der → Antisemitismus des 20. Jahrhunderts missbraucht den → Davidstern, um ihn verändert als »Judenstern« zur abwertenden Kennzeichnung der Juden zu verwenden.

Dekalog

Die Zehn Gebote, auch Dekalog (= »Zehnwort«, von griech. *deka* = zehn und *logos* = Wort) genannt, sind eine Zusammenstellung von Grundregeln des menschlichen Verhaltens in der Hebräischen Bibel, »[die] die Grundpflichten des Menschen gegenüber Gott und dem Nächsten zum Ausdruck bringen« (Kompendium des Katechismus der katholischen Kirche (KKKK), 440). Sie sind die guten Weisungen Gottes, die es ermöglichen, ein sinnvolles und glückliches Leben in Freiheit zu führen. Weil sie von Gott kommen, haben die Zehn Gebote die höchste Form der Verbindlichkeit und gelten Juden und Christen, die den Dekalog übernahmen, als zentrale Gebote (= Weisungen, Handlungsanleitungen). Verstößt man gegen sie, schädigt man sich selbst und seine Mitmenschen. Befolgt man sie dagegen, wandelt man auf den Wegen Gottes.
Die Reihe der Zehn Gebote ist in der → Tora zweifach mit kleinen Abweichungen überliefert: zum einen in Ex 20,2-17 und zum anderen in Dtn 5,6-21. In beiden Überlieferungen lässt sich der Text in drei Teile gliedern:

1. Prolog, Vorspann (Ex 20,2/Dtn 5,6): Grundlage ist die Selbstvorstellung Gottes, der sich hier offenbart als einer, der das Volk aus der Sklaverei befreit und Freiheit geschenkt hat. Diese Befreiungstat Gottes geht den sich anschließenden Weisungen voraus, die so zu »Wegweisern der Freiheit« werden.

2. Die erste Tafel (Ex 20,3-11/ Dtn 5,7-15): Hier findet man die Weisungen, die sich primär auf das Verhältnis des Menschen zu Gott beziehen (religiöse Dimension).

3. Die zweite Tafel (Ex 20,12-17/ Dtn 5,16-21): Auf ihr finden sich die Weisungen, die sich auf das Volk Israel, die Gesellschaft, die Menschheit beziehen (soziale Dimension).

Im Alten Testament werden insgesamt 613 Bestimmungen festgehalten, die sich auf die Zehn Gebote beziehen und von den Schriftgelehrten als »Zaun der Weisung« bezeichnet wurden. Dieser sollte die ursprünglichen Gebote vor der Außenwelt schützen. Alles in allem entstanden so 248 Verbote und 365 Gebote (→ Tora). Dennoch bleibt der Dekalog ein Freiheitstext und sein Kern, d. h. das, was er bewahren will (Umgang mit Bund, Bild, Heiligung, Kult, Sabbat, Eltern und Kindern, Frauen und Männern, Land, Volk, Ehe, Sexualität, Arbeit, Ruhe etc.), hat auch heute nichts von seinem Wert eingebüßt: Der Dekalog ist zum einen eine Hilfe, das eigene, individuelle Leben menschenwürdig zu gestalten, zum anderen aber haben seine Weisungen nach wie vor eine große gesellschaftliche Bedeutung. Nicht ohne Grund beruht z. B. das Grundgesetz auch auf den Weisungen des Dekalogs. Für uns heutige Menschen ist Freiheit wie für die Israeliten vor über dreitausend Jahren einer der wichtigsten Werte. Wer sie beeinträchtigt, muss seinerseits mit Ablehnung und Widerstand rechnen. Nur da, wo die Freiheit eines anderen gefährdet ist, lassen wir in unserem Rechtsleben eine Freiheitsbegrenzung zu.
Der Freiheitscharakter des Dekalogs lässt sich exemplarisch an einigen Geboten aufzeigen. So wird unser Leben eben nicht freier, wenn man am Sabbat/Sonntag arbeitet, die Erfahrung der Eltern missachtet, oder wenn das menschliche Leben, Eigentum und der gute Ruf zur Disposition stehen.
Trotzdem muss aber Wert darauf gelegt werden, dass der Dekalog keine »Gebrauchsanweisung« für alle Fälle des Lebens ist. Er nennt nur besonders wichtige Grundsätze. Immer wieder einmal werden wir in Zwangslagen kommen, die nicht einfach mit Blick auf den Dekalog zu lösen sein werden und eine Güterabwägung verlangen. Als letzter Maßstab in solchen Konfliktfällen sollte uns stets die höchste Weisung (die dreifache Liebe, vgl. Mt 22,37-40) dienen.

Diaspora (griech. *diaspeiro* = zerstreuen, ausstreuen)

Diaspora bezeichnet eine Minderheitssituation. Ursprünglich wurde der Begriff speziell auf das Volk der Juden angewandt, das 586 v. Chr. von Judäa ins → Babylonische Exil verschleppt und 135 v. Chr. durch die Römer über das gesamte Römische Reich verstreut wurde. In der frühen Neuzeit wurde der Begriff v. a. auf konfessionelle Minderheiten des Christentums bezogen. Im späten 20. Jahrhundert erfolgte schließlich eine Erweiterung auf Menschen oder ethnische Gruppen, die zwangsweise ihre traditionelle ethnische Heimat verlassen mussten und zerstreut über andere Teile der Welt leben. Dabei versteht man unter »Diaspora« gleichermaßen den Prozess der Zerstreuung wie auch die zerstreute Bevölkerungsgruppe selbst.

Enzyklika (griech. *kyklos* = Kreis)

Eine Enzyklika ist ein kirchliches Rundschreiben, das seit dem 18. Jahrhundert das Lehrschreiben des Papstes an die gesamte Kirche bezeichnet.
Enzykliken haben ihren Ursprung in den Briefen des Neuen Testaments. Nach katholischer Lehre haben Enzykliken keinen absolut bindenden Charakter, verlangen jedoch die Zustimmung der Gläubigen. Eine päpstliche Enzyklika, die in der Regel in lateinischer Sprache abgefasst ist (Ausnahme »Mit brennender Sorge«, vgl. 66), wird mit den Anfangsworten zitiert, wie z. B. die Enzyklika Pauls VI. über Sexualität *Humanae Vitae* (1968).

Ethik/ethisch

Ethik ist ein Teilgebiet der Philosophie, das sich mit den Normen menschlichen Handelns auseinandersetzt und auch als »Sittenlehre« bezeichnet wird. Im schulischen Zusammenhang ist »Ethik« das Unterrichtsfach, das Schülerinnen und Schülern, die nicht am Religionsunterricht teilnehmen, eine verlässliche moralische Orientierung in der Welt von heute vermitteln soll.
Ethik gliedert sich nach Lebensbereichen in verschiedene Teildisziplinen auf, z. B.:
Individualethik: betont die Pflichten und die Verantwortung des Einzelnen sich selbst und anderen Menschen gegenüber;
Sozialethik: fragt nach den Grundsätzen des menschlichen Zusammenlebens (Familie, Staat etc.);
Wirtschaftsethik: befasst sich mit Wertesystemen in Wirtschaftsunternehmen;
Berufsethik: bezieht sich auf spezifische Aufgaben einer arbeitsteiligen Gesellschaft.
Daneben unterscheidet man noch unterschiedliche Begründungsarten der moralischen Wertvorstellungen, z. B.:
Verantwortungsethik, die von den Folgen einer moralischen Entscheidung ausgeht;
Gesinnungsethik, welche die Motivation bzw. die Gesinnung bei einer Handlung hervorhebt;
Situationsethik, die eine sittliche Entscheidung von der jeweiligen Situation abhängig macht;
autonome Ethik, welche die Selbstbestimmung des ethischen Handelns voraussetzt;
heteronome Ethik, in der das sittliche Handeln von außen (fremd) bestimmt wird.

Euthanasie

Unter Euthanasie versteht man Maßnahmen, die unheilbar Kranke oder Schwerstverletzte von ihrer Krankheit oder unerträglichem Leiden »erlösen«.

→ Euthanasie-Gedenkstätte Irsee. Während der NS-Diktatur beteiligte sich die psychiatrische Klinik am nationalsozialistischen Euthanasieprogramm. In Irsee sind zweitausend Opfer dieser menschenverachtenden Politik zu beklagen.

Ein anderer Begriff für Euthanasie ist »Sterbehilfe«. Von passiver Sterbehilfe spricht man bei Unterlassung von lebensverlängernden Maßnahmen; als aktive Sterbehilfe bezeichnet man eine vorsätzliche Handlung, um den Tod herbeizuführen. Belastet ist der Begriff »Euthanasie« durch Maßnahmen des »Dritten Reichs«, durch die Behinderte als »lebensunwertes Leben« bezeichnet und z. B. durch tödliche Spritzen oder durch mangelhafte Ernährung zu Tode gebracht wurden. Vergessen wird auch gerne, dass Sterbehilfe in bestem Sinne der liebende Beistand beim Lebensende eines Menschen ist.

Exodus (griech. *exodos* = Auszug, Ausgang)
Exodus steht heute für den mehr oder weniger freiwilligen Auszug eines Menschen oder einer Gruppe aus der bisher vertrauten Umgebung. Viele Freiheitsbewegungen der Geschichte beziehen ihre Kraft aus der biblischen Exodus-Erfahrung, wie z. B. an der Tradition der Spirituals beim Kampf um gegen die Sklaverei und für die Gleichberechtigung deutlich wird.
Im biblischen Sinn bezeichnet Exodus die Flucht des Volkes Israel aus der Knechtschaft in Ägypten. Jahwe gibt sich Mose am brennenden Dornbusch zu erkennen und beauftragt ihn, sein Volk aus dem Machtbereich des Pharao ins »Gelobte Land« zu führen (vgl. Ex 3 – 4). Der Freiheitsdrang der Israeliten vermischt sich mit der sehnsüchtigen Rückerinnerung an das behagliche Leben in der Knechtschaft (vgl. Ex 14 – 18). Hoffnung und Verzweiflung, Gottvertrauen und Gottlosigkeit wechseln einander ab. Das Volk erhält die Zehn Gebote (→ Dekalog) als Stütze zur Gestaltung der Freiheit. Von all diesen Ereignissen erzählt das Buch Exodus im Alten Testament. In der Reihe der Bücher, die Moses zugeschrieben wurden, ist es das zweite. Es bildet zusammen mit den Büchern Genesis, Leviticus, Numeri und Deuteronomium die Grundlage für den jüdischen Glauben. Die zunächst mündlich überlieferten Erzählungen wurden später durch verschiedene Schreiber fixiert und gegen 550 v. Chr. zusammengestellt. Die Exodus-Erzählung als Ganzes und in ihren Details enthält eine Fülle tiefer Symbolmuster: Sehnsucht nach Freiheit, Wüstenerfahrung, Unterdrückung, Zweifel an Gott, die Vorstellung vom Gelobten Land, Geborgenheit bei Gott (»wie ein Adler und seine Jungen«, vgl. Dtn 32,11) und Gotteszweifel (das Goldene Kalb, vgl. Ex 32), Schuld, Angst vor Neuem, Neuanfang und Gesetze.

Feminismus/Feministische Theologie

Erwähnung findet der Feminismus in einem deutschen Wörterbuch erstmals 1912. Dort wird er beschrieben als das »Streben nach Gleichstellung des weiblichen mit dem männlichen Geschlecht«.
Der Feminismus steht in engem Zusammenhang mit der Frauenbewegung, die sich schon früher, gegen Ende des 18. Jahrhunderts, herausgebildet hatte und gegen die Benachteiligung der Frau und für deren Interessen (u. a. Arbeit, Bildung, Wahlrecht) kämpfte, später dann auch für die Abschaffung des den Schwangerschaftsabbruch verbietenden § 218. Der Ausdruck »Feminismus« bezeichnet einerseits die Frauenbewegung selbst, anderseits deren theoretische Grundlegung. Beide sind eingebunden in das Ringen um die Emanzipation der Frau.
Als *feministische Theologie* lässt sich der Versuch beschreiben, die »traditionelle«, d. h. in einem patriarchalen Kontext beschriebene Theologie anders zu sehen und zu betreiben. Dabei soll das Wissen um Unterordnung und Unterdrückung von Frauen in Kirche und Theologie zur Sprache gebracht, die zugrunde liegenden Machtstrukturen erkannt und schließlich bekämpft werden. Gleichzeitig sollen die Erfahrungen und die Religiosität von Frauen, die bisher verneint wurden, sichtbar gemacht werden und Einfluss bekommen.
Feministische Theologie ist keine einheitlich zu definierende Strömung, sondern birgt ein breites Spektrum an nicht immer unproblematischen Meinungen und Ideen. Sie will dabei keine exklusive Theologie von Frauen für Frauen sein, sondern strebt vielmehr die Gleichwertigkeit zwischen den Geschlechtern an.

Feste, jüdische

Neben den Festen im Jahreskreis, die auf **40** dargestellt sind, und dem wöchentlichen → Sabbat gibt es auch Feste, die den einzelnen Menschen in wichtigen Zeiten seines Lebens begleiten.
Mit der Beschneidung (*Berit Mila*) wird der jüdische Knabe in der Regel am achten Tag nach seiner Geburt in den Bund mit Gott aufgenommen (vgl. Gen 17,9-14; Lev 12,3). Außerdem ist damit auch die Namensgebung verbunden.
Die religiöse Erziehung des Kindes besteht in der fortschreitenden Einweisung in die → Tora, bis der Knabe die Religionsmündigkeit mit 13 Jahren erreicht hat. Dann begeht er das Fest *Bar Mizwa* (hebr. = Sohn des Gebotes, der Pflicht), weil er nun verpflichtet ist, die Gebote der Tora einzuhalten. Fortan darf er die Gebetsriemen (*Tefillin*) tragen und zählt bei der Mindestzahl von zehn Gottesdienstbesuchern (*Minjan*) mit.
Anlässlich der *Bar Mizwa*-Feier am Sabbat nach seinem 13. Geburtstag wird er zum ersten Mal in seinem

Leben in der Synagoge beim Gottesdienst zur öffentlichen Toralesung aufgerufen.
Mädchen werden bereits mit Vollendung des zwölften Lebensjahres religionsmündig und feiern dann *Bat Mizwa* (hebr. = Tochter der Pflicht). Allerdings wird die *Bat Mizwa*-Feier in orthodox-jüdischen Kreisen bis heute abgelehnt.
Für den erwachsenen Juden gehören Heirat und Kinder zur gottgewollten Lebensordnung. Mit der Eheschließung, die von einem Rabbiner unter dem Traubaldachin (*Chuppa*) u. a. durch Verlesen des Ehevertrags (*Ketubba*) vollzogen wird, werden Juden vollwertige Mitglieder des Gottesvolks.
Die jüdische Beerdigung, der die Totenwaschung und das Einkleiden in schlichtes Sterbegewand vorausgeht, erfolgt durch Erdbestattung in einem einfachen Holzsarg, ohne Blumenschmuck und prunkvolle Gräber, um die Gleichheit aller Menschen im Tode zu bezeugen. Wichtigstes → Gebet bei der Trauerfeier ist das *Kaddisch*. Der Beerdigung folgt die *Schiwa*, die siebentägige Trauerperiode, in der die Trauernden keine Arbeit verrichten, auf niedrigen Schemeln sitzen und auf kosmetische Körperpflege sowie auf Geschlechtsverkehr verzichten und Klagetexte aus den Büchern Ijob oder Jeremia lesen. Der *Schiwa* folgt die dreißigtägige Trauerzeit (*Schloschim*).

Gebete, jüdische

Die Gebetspraxis im frommen Judentum ist von der Vorstellung des gesamten Lebens als Gottesdienst geprägt. Dementsprechend wird der Tagesablauf von Gebeten begleitet: Man beginnt den Tag mit dem Morgengebet (*Schacharit*) und beschließt ihn mit dem Nachtgebet (*Maariv*). Dazwischen liegen Lob-, Bitt- und Bußgebete und Gebete anlässlich der Mahlzeiten, die oft die charakteristische Form der Segenssprüche haben. Außerdem gibt es Gebete für besondere Ereignisse im Lebenslauf, wie etwa die Beschneidung, Hochzeit oder Tod. Gebetet wird aber auch anlässlich häuslicher Feiern, im Gottesdienst und bei den Feiern im Festjahr (→ Feste, jüdische).
Neben biblischen Psalmgebeten gibt es im Judentum eine Reihe fest formulierter Gebete, die in traditionellen Gebetbüchern gesammelt werden. Das Kerngebet ist zugleich das Glaubensbekenntnis, das berühmte *Sch^ema Israel* (»Höre, Israel! Jahwe, unser Gott, Jahwe ist einzig.« Dtn 6,4).
Als Hauptgebet im Gottesdienst gilt das Achtzehngebet (*Schmone Esre*), das zwar seit langem 19 Bitten umfasst, aber den alten Namen behalten hat. Zu den häufigsten und wichtigsten jüdischen Gebeten zählt außerdem das *Kaddisch*. Es ist ein Heiligungsgebet (hebr. *kadosch* = heilig). Das *Kaddisch* soll mehrmals am Tag rezitiert werden. Auch bei den Tagesgebeten und im Gottesdienst nimmt es einen festen Platz ein. Das *Kaddisch* ist im Wesentlichen eine Lobpreisung Gottes, wird aber außerdem zum Totengedenken von Trauernden gesprochen, und zwar im Anschluss an einen Todesfall ein Jahr lang täglich. Achtzehngebet und *Kaddisch* weisen einige Berührungspunkte mit dem christlichen Vaterunser auf.

Gebetsriten, jüdische

Jüdisches Beten ist mit bestimmten Riten verbunden. Dazu gehören z. B. das Hände- und Gesichtwaschen beim Morgengebet. Im Gottesdienst wird in der Synagoge der Gebetsmantel (*Tallit*) mit den Schaufäden (*Zizit*) an den Ecken getragen sowie die Kopfbedeckung (*Kipa* oder Hut)

Fromme Juden verrichten ihre täglichen → Gebete mit Gebetsriemen (*Tefillin*) und Gebetsschal (*Tallit*).

als Zeichen der Demut vor Gott. Beim Gebet werden auch die Gebetskapseln und Gebetsriemen (*Tefillin*) um den linken Unterarm und den Kopf gelegt. In den Kapseln befinden sich Zettel mit den Texten Dtn 6,4ff. bzw. Ex 13,1-16.

Gewalt, strukturelle

Unter struktureller Gewalt versteht man nach dem norwegischen Soziologen und Friedensforscher Johan Galtung (geb. 1930) die einem gesellschaftlichen System innewohnende Gewalt. Sie ist v. a. dadurch gekennzeichnet, dass sie Menschen daran hindert, ihre Anlagen und Möglichkeiten voll zu entfalten. Die Betroffenen nehmen strukturelle Gewalt meistens nicht unmittelbar als Gewalteinwirkung wahr, weil sie die eingeschränkten Lebensnormen bereits verinnerlicht haben.
Auf sozialer oder politischer Ebene äußert sich strukturelle Gewalt z. B. in ungleichen Macht- und Besitzverhältnissen, in jeglicher Form der Diskriminierung sowie ungleichen Bildungschancen und Lebenserwar-

tungen. Auch eingeschränkte Lebenschancen aufgrund von Umweltverschmutzung oder die Behinderung emanzipatorischer Bestrebungen fallen darunter. Man spricht überall dort von struktureller Gewalt, wo diese nicht mehr konkreten handelnden Personen zugerechnet werden kann, sondern nur mehr auf Strukturen, Normen oder Institutionen gründet. Diese Begriffsbestimmung verzichtet auch auf die Voraussetzung, dass, um von Gewalt sprechen zu können, eine Person oder Gruppe subjektiv Gewalt empfinden muss.

Haggada (hebr. = Verkündung, Erzählung)
Die Haggada, auch Pessach-Haggada genannt, handelt auf Grundlage des biblischen Buches → Exodus vom Exil des Volkes Israel in Ägypten und dem Auszug in die Freiheit. Als kleines, meist reich bebildertes Büchlein, das teilweise auf Aramäisch und teilweise auf Hebräisch verfasst ist, findet sich die Pessach-Haggada in fast jedem jüdischen Haushalt und wird am Abend vor Pessach, dem Sederabend, beim Festmahl mit der Familie gemeinsam gelesen und gesungen. Besonders prachtvolle Ausgaben der Pessach-Haggada entstanden im 14. Jahrhundert in Spanien, vgl. 16 f.

Heilsgeschichte
Das Volk Israel begreift seine Geschichte seit dem Auszug aus → Ägypten (→ Exodus) als Gottes Heilshandeln an seinem auserwählten Volk. Gottes Handeln und Eingreifen in die Menschheitsgeschichte zielt immer auf das Heil, auch wenn die Schuld mit Strafen belegt wird. (»Gott schreibt auch auf krummen Zeilen gerade.«) Besondere Bedeutung hat in diesem Zusammenhang das Auftreten der Propheten, die den

Holocaust /Shoa
Mit Holocaust bzw. Shoa wird der barbarische, fabrikmäßig durchgeführte Völkermord an sechs Millionen europäischen Juden durch das nationalsozialistische Regime von 1933-45 bezeichnet sowie die damit verbundenen Gräueltaten und Qualen.
Die deutsche Sprache besitzt keinen eigenen Ausdruck für diese unfassbaren Ereignisse, aber auch die beiden biblischen Begriffe bergen Probleme in sich:
Das Wort *Holocaust* stammt aus dem Griechischen und bedeutet »vollständig verbrannt«. In der Septuaginta – der griechischen Übersetzung des Alten Testaments – wird der Begriff für »Ganzopfer« oder »Brandopfer« (vgl. z. B. Gen 22) verwendet. Der Auschwitz-Überlebende und Friedensnobelpreisträger Elie Wiesel (geb. 1928) hat den Begriff für die Vernichtung der Juden eingeführt. Allerdings halten religiöse Juden die Verwendung dieses Wortes für unangemessen, weil das Brandopfer der → Tora ein Gott dargebrachtes Opfer ist, und derjenige, der es darbringt, sich in der Obhut Gottes weiß. *Holocaust* würde in diesem Sinne bedeuten, dass die Juden von Gott als Brandopfer gefordert wurden und dass somit der Massenmord religiös gerechtfertigt war. Doch die Täter wollten kein »Opfer« vollziehen, sondern ganz profan die totale Vernichtung der Juden.
Juden bevorzugen seit 1945 die profane hebräische Bezeichnung »*Shoa*«. *Shoa* ist ebenfalls ein biblischer Begriff und bedeutet so viel wie »Unheil«, »Verderben« oder »Untergang« (vgl. Jes 10,3; 47,11; Ps 35,8). Im Neuhebräischen dient das Wort ausschließlich zur Bezeichnung der Verfolgung und Ermordung der europäischen Juden unter dem Nationalsozialismus und ist hierfür offizieller Begriff im Staat Israel.
Es bleibt allerdings für uns in Deutschland als dem Land der Täter fragwürdig, einen Begriff zu verwenden, der von den Opfern geprägt worden ist und ihre Perspektive reflektiert. Daher ist es sinnvoll, mit beiden Begriffen umgehen zu können. Unabhängig von der Bezeichnung sind wir moralisch verpflichtet, uns mit einem möglichst umfassenden Wissen um die barbarischen Ereignisse während des so genannten Dritten Reichs sowohl gegen die Leugnung des Holocausts/der Shoa durch rechtsradikale Gruppierungen als auch darüber hinaus gegen die Diskriminierung von Minderheiten, Fremdenfeindlichkeit und Rassismus einzusetzen.

Glauben an die Führung und Lenkung Gottes in der Geschichte aufrechterhalten. Im Neuen Testament wird die Menschwerdung Jesu und sein Wirken als Anbruch der Erfüllung dieser Heilserwartungen gesehen.

Jiddisch

Jiddisch, auch *Mame-Loschen* (= Muttersprache) genannt, ist eine Schwestersprache des Deutschen, die im Spätmittelalter entstanden ist, als die Juden (v. a. im Rheinland) begannen, ihre eigene, spezifisch jüdisch ausgeprägte mittelhochdeutsche Sprache in hebräischer Schrift aufzuzeichnen.
Diese Sprache wies zum einen aufgrund der erzwungenen geografischen Mobilität der Juden kleinere Unterschiede zu den jeweiligen Ortsdialekten der Nichtjuden auf; zum anderen enthielt sie viele hebräische, aramäische und vereinzelt auch romanische, französische, spanische

Dass → Jiddisch eine lebendige Sprache ist, beweisen auch zahlreiche Übersetzungen fremdsprachiger Literatur, wie z. B. Max und Moritz von Wilhelm Busch.

Jahwe

Der alttestamentliche Gottesname »Jahwe« besteht im Hebräischen aus den vier Konsonanten JHWH, das so genannte Tetragramm (griech.: *tetra* = vier; *gramma* = Schrift). Es wird im Judentum nicht ausgesprochen, sondern nur umschrieben, um das Gebot des Namensmissbrauchs im → Dekalog nicht zu verletzen. Die jüdischen Gelehrten, die den Konsonantentext der Hebräischen Bibel im 8. bis 10. Jahrhundert n. Chr. mit Vokalzeichen versahen, haben zu diesen vier Konsonanten die Vokale eines anderen Wortes gesetzt, sodass kundige Leserinnen und Leser sofort wussten, dass etwas anderes zu lesen ist, als eigentlich geschrieben steht. Als Ersatz wurde das hebräische Wort für Herr (*adonaj*) gewählt bzw. dort, wo bei JHWH bereits Herr stand, das Wort *elohim* (= Gott). Wenn man das nicht durchschaut, was mit den Vokalzeichen beabsichtigt war, versucht man, die Vokale mit JHWH zu verbinden, und es entsteht die Fehllesung »Jehova«.
Heute hat sich jedoch in der Sprachforschung »Jahwe« durchgesetzt, sodass »Jehova« nur noch in alten Kirchenliedern und bei Sekten (z. B. im Namen »Zeugen Jehovas«) zu finden ist. Die klassische Übersetzung dieses Namens lautet: *»Ich bin, der ich bin«*. Weil es aber in der hebräischen Sprache keinen Unterschied zwischen Futur und Präsens gibt, kann er auch heißen: *»Ich werde (für euch) (da) sein«* oder *»Ich werde mich erweisen, als der ich mich erweisen werde«*.
Gott offenbart diesen Namen selbst (vgl. Ex 3). Damit zeigt Gott einerseits seine Zuneigung zum Volk Israel, andererseits aber auch seine völlige Souveränität: Gott lässt sich nicht mit irgendwelchen Mitteln vom Menschen herbeibeschwören, sondern entscheidet selbst, wem er sich wann offenbart.
Mit der Namensoffenbarung wird auf das zukünftige Handeln Gottes als Bundesgott am Volk Israel verwiesen: Sein Spruch *»Ich bin herabgestiegen, um sie der Hand der Ägypter zu entreißen«* (Ex 3,7) nimmt den späteren Bundesschluss am Sinai schon vorweg.
In der Befreiung der hebräischen Sklaven »beweist« dieser Gott seine Identität und beansprucht von da an dieses Volk zu seinem *»Eigentum«* (Ps 135,4). Auf die Einleitung des Dekalogs *»Ich bin Jahwe, dein Gott, der dich aus Ägypten geführt hat«* (Dtn 5,6), folgt konsequenterweise das Gebot *»Du sollst neben mir keine anderen Götter haben«* (Dtn 5,7).
Auch wenn im Namen »Jesus« (hebr. *Jehoschua* = »Jahwe ist Rettung«) der Gottesname enthalten ist, verwendet das Neue Testament für Gott einen anderen Begriff: *kyrios* (griech. = Herr). Dieser Titel wird aber bald auch auf Jesus als den Sohn Gottes übertragen.
So wird Jesus einerseits mit Jahwe identifiziert und andererseits zugleich eine Unterscheidung zwischen Vater und Sohn, welche nach christlicher Überlieferung beide dem Wesen nach Gott sind, verkündet.

und slawische Wörter. Teilweise war auch der Satzbau durch ziemlich wörtliche Übersetzungen aus dem Hebräischen und Aramäischen geprägt.
Das eigentliche Jiddisch entstand, als Juden in großer Zahl vor den Verfolgungen in Deutschland nach Osteuropa (Polen, Litauen etc.) flohen. Dort vermischten sich ihre Dialekte und entwickelten sich anders als in Deutschland weiter; dazu kamen viele Entlehnungen aus slawischen Sprachen. Mit der Massenauswanderung in die USA im 19. Jahrhundert wurde das Jiddische in den englischen Sprachraum transportiert und dementsprechend beeinflusst.
Heute gibt es in einigen traditionellen jüdischen Gemeinden, wie z. B. in New York, London und Antwerpen, größere Sprechergruppen, die Jiddisch als hauptsächliche Alltagssprache verwenden und an die nächste Generation weitergeben. Auch im Deutschen gibt es etwa 1000 Jiddismen, also aus dem Jiddischen stammende Lehnwörter (vgl. 33). Geschrieben wird Jiddisch mit hebräischen Buchstaben.
Berühmte jiddische Autoren waren Scholem Alejchem (1859-1916), der Nobelpreisträger für Literatur Isaac Bashevis Singer (1904-1991) und Itzig Manger (1901-1969).

Kanzelparagraf

Der so genannte Kanzelparagraf stammt aus der Bismarckschen Kulturkampfzeit (1871-1878). § 130a Absatz I des Reichsstrafgesetzbuches lautete: »Ein Geistlicher oder anderer Religionsdiener, welcher in Ausübung oder in Veranlassung der Ausübung seines Berufes öffentlich vor einer Menschenmenge oder welcher in einer Kirche oder an einem anderen zu religiösen Versammlungen bestimmten Orte vor Mehreren Angelegenheiten des Staats in einer den öffentlichen Frieden gefährdenden Weise zum Gegenstande einer Verkündigung oder Erörterung macht, wird mit Gefängnis oder Festungshaft bis zu zwei Jahren bestraft.«
Diesen Paragrafen benutzen die Nationalsozialisten zur Strafverfolgung, wenn sich ein Geistlicher auch nur in der geringsten Weise zu einem Thema äußerte, das irgendwie »politisch« zu sein schien.

Mithilfe des → Kanzelparagrafen wurden viele katholische und evangelische Geistliche, die sich in ihren Predigten kritisch zum Nationalsozialismus äußerten, verhaftet und ins KZ gebracht. Das Bild zeigt das Eingangstor zum Konzentrationslager Buchenwald.

Konkordat

Mit Konkordat wird ein Vertrag zwischen dem Vatikan als Vertreter der katholischen Kirche und einer weltlichen Regierung über Angelegenheiten, die die Kirche in diesem Land betreffen, bezeichnet. Konkordate können dabei in derselben Weise gelöst werden wie jeder andere Staatsvertrag. So wurde beispielsweise das Konkordat, das die römisch-katholische Kirche in Frankreich nach der Französischen Revolution wieder einführte, von Frankreich unter Berufung auf die Trennung von Kirche und Staat 1905 aufgehoben.
Die wichtigsten Konkordate der jüngeren Vergangenheit waren die Lateranverträge (1929) mit Italien, in denen die Vatikanstadt als unabhängiger Staat anerkannt wurde, und der Vertrag des Vatikans mit dem Deutschen Reich (1933). Die heutige Stellung des Religionsunterrichts in Bayern geht ebenfalls zurück auf ein 1924 zwischen dem Land Bayern und dem Heiligen Stuhl abgeschlossenes Konkordat. Auch in jüngster Zeit wurden noch Konkordate zwischen einzelnen Bundesländern und dem Vatikan geschlossen, z. B. Thüringen (1997), Sachsen (1996) und Hamburg (2005).

Konzil

Unter Konzil versteht man die Zusammenkunft von Bischöfen unter der Leitung des Papstes zur Beratung und Beschließung kirchlicher Lehren und anderer Angelegenheiten, welche die Interessen der Kirche berühren. Die römisch-katholische Kirche

verzeichnet nach den Orten, wo sie stattfanden, 21 Konzile.
Als erstes Konzil gilt das Treffen der Apostel in Jerusalem, 50 n. Chr. Wichtigster Punkt war damals die Frage der Aufnahme der »Heidenchristen« ohne Beschneidung in die neue Gemeinschaft (vgl. auch → Zweites Vatikanisches Konzil).

Liturgie

Der Begriff *leiturgia* kommt aus dem Griechischen und bedeutet eigentlich »öffentlicher Dienst« bzw. »Dienst für das Volk«. Er bezeichnet ganz allgemein den Ablauf bestimmter Rituale, wie sie vor allem in einer Religion ausgeführt werden.
Im Christentum umfasst die Liturgie das gesamte gottesdienstliche Geschehen. Dabei hat das Wort »Gottesdienst« mehrere Bedeutungsebenen, die in der jeweiligen Schwerpunktsetzung auch die individuelle Einstellung der Gottesdienstbesucher prägen können: gefeiert wird v. a. Gottes Dienst am Menschen, aber auch die zur Feier versammelten Menschen erweisen Gott einen Dienst (Dienst an Gott), indem der Priester als Vorsteher der Liturgie stellvertretend (z. B. bei der Eucharistiefeier) das Lob-, Dank-, Bitt- und Sühnopfer Jesu Christi vollzieht.
Die Liturgie legt die wichtigen Bestandteile des Gottesdienstes fest. Dazu gehören Wort und Gesang ebenso wie die Gestik, die Bewegung und die Gewänder der Zelebranten sowie die verwendeten Geräte, Symbole und Symbolhandlungen.
Für die heilige Messe bedeutet dies,

- dass die Messgewänder eine bestimmte, dem Kirchenjahr oder der Art der Feier zugeordnete Form und Farbe haben,
- dass es einen bestimmten »Ablaufplan« der Feier mit festen und variablen Teilen gibt,
- dass an bestimmten Punkten der Feier oder bei speziellen Anlässen besondere Lieder vorgetragen oder gesungen werden.

Außerdem legt die Liturgie fest, wie der Priester das Geheimnis der Eucharistie durch Symbole, Zeichen und Gesten den Menschen nahebringen soll.
Jede Zeit hat ihre eigenen liturgischen Formen hervorgebracht, die den Geist ihrer Entstehungszeit atmen. Deshalb können sie auch veralten, weil ihre Elemente nicht mehr verstanden werden und damit ihren eigentlichen Sinn verlieren. Liturgie muss daher zweierlei leisten: Kontinuität schaffen und den Menschen damit Beheimatung in der Kirche vermitteln, aber auch die Zeichen der Zeit erkennen und darauf eingehen.

Maria

Maria (aramäisch = die von Gott Geliebte), die Mutter Jesu, hat unter den Menschen wie auch unter den Heiligen durch ihr uneingeschränktes Ja zur Zusage Gottes eine besondere Stellung.
Nach dem Evangelisten Lukas ist Maria eine Jungfrau, die in Nazaret lebt und mit einem Mann namens Josef verlobt ist (vgl. Lk 1,27). Als der Engel des Herrn zu ihr kommt, nennt er sie »Begnadete« und verkündet ihr, dass sie durch das Wirken des Geistes Gottes und ohne Zutun eines Mannes einem Sohn das Leben schenken wird (vgl. Lk 1,31.35), der in der Nachfolge → Davids herrschen und die messianischen Hoffnungen Israels erfüllen wird (vgl. Lk 1,32-33). Maria antwortet ihm mit einem bedingungslosen Ja zum Auftrag Gottes: *»Ich bin die Magd des Herrn; mir geschehe, wie du es gesagt hast«* (Lk 1,38). Als sie daraufhin voller Freude

Nach dem Evangelisten Lukas hat → Maria das Magnifikat bei dem Besuch ihrer Verwandten Elisabet gesprochen. Die Begegnung der jugendlichen Maria mit ihrer älteren Verwandten ist ein beliebtes Motiv in der Kunstgeschichte und wird traditionell als »Mariä Heimsuchung« bezeichnet. Der abgebildete Ausschnitt eines Altarbildes wurde um 1491 von dem italienischen Maler Domenico Ghirlandaio geschaffen.

Elisabet, eine Verwandte, besucht, spricht sie das »Magnifikat« (vgl. Lk 1,46-55), ein Danklied und ein Lobpreis auf die Taten Gottes, der seine Zusage an die Erzeltern und ihre Nachkommen erfüllt. Maria kündigt den Sturz der Mächtigen und Reichen und die Erhöhung der Erniedrigten und die Option für die Armen an. Diese »Umwertung aller Werte«, die Umkehrung der sozialen, ökonomischen und politischen Verhältnisse lässt sie zur → Prophetin im Sinn der Reich-Gottes-Botschaft Jesu werden.

Menschenbild, christliches

Der Begriff »Menschenbild« bezeichnet die Vorstellung bzw. das Selbstverständnis vom Wesen des Menschen, das auf einem bestimmten religiösen oder weltanschaulichen Hintergrund basiert (z. B. buddhistisches, islamisches, marxistisches, psychoanalytisches, existenzialistisches Menschenbild).
Es versucht Antwort zu geben auf Fragen wie: Was ist der Mensch? Was ist der Sinn des menschlichen Lebens? Wodurch unterscheidet sich der Mensch von anderen Lebewesen, vom Tier?
Das Menschenbild beeinflusst wesentliche Entscheidungen und Haltungen in Politik, Gesellschaft und → Ethik, z. B.: Welche Werte und Normen vertritt die Gesellschaft? Welche Erziehungsziele werden vorgegeben? Was darf die Wissenschaft und wo sind die Grenzen? Wo beginnt, wo endet der Schutz menschlichen Lebens, menschlicher Würde (Embryonenschutz, Sterbehilfe, Gentechnik etc.).
Im Christentum wird der Mensch als Geschöpf und Ebenbild Gottes angesehen (vgl. Gen 1,26f.). Aus dem Ja Gottes zum Menschen leiten sich folgende Merkmale des christlichen Menschenbildes ab:

- Der Mensch besitzt eine grundsätzliche, unaufhebbare und von anderen Faktoren unabhängige Würde.
- Der Mensch ist Einzelwesen (Individuum) und Subjekt, nicht Objekt, d. h. er darf nicht als Mittel zu irgendeinem Zweck missbraucht werden.
- Der Mensch besitzt einen freien Willen und ist fähig zu zielorientiertem, verantwortlichem Handeln. Damit ist er aber auch schuldfähig.
- Der Mensch ist zur Solidarität mit den Mitgeschöpfen verpflichtet.
- Der Mensch ist fähig, über die sinnlich erfahrbare Welt hinaus zu denken; er ist offen für eine Beziehung zu Gott und kann diese als Ziel seines Lebens erkennen.

Das christliche Menschenbild findet größtenteils Verwirklichung in der allgemeinen Erklärung der Menschenrechte der Vereinten Nationen. Die Idee der vorstaatlichen, von der Natur gegebenen Rechte jedes Menschen lässt sich u. a. auf die Gottebenbildlichkeit des Menschen (s. o.) zurückführen. Christen sind aufgefordert, die Wesensmerkmale und die damit verbundenen Rechte und Pflichten des Menschen im persönlichen, aber auch im weltpolitischen Bereich zu achten und zu vertreten.

Messias (hebr. = Gesalbter; griech.: *christos*)

Viele alttestamentliche Propheten verkündeten das Kommen eines gottgesandten oder gottähnlichen Retters, der eine Mittlergestalt zwischen Gott und Mensch darstellt, der in die Geschichte eingreift und letzten Endes das Reich Gottes herbeiführen wird (vgl. z. B. Jes 7,14; 9,1-6; 11,1-9; 52,13 – 53,12; Mi 5,1-3; Sach 9,9f.). Diese Erwartung konzentrierte sich zur Zeit Jesu in vielen Kreisen auf einen politischen Führer, der Palästina von der römischen Besatzungsmacht befreien sollte. Im Christentum gilt Jesus von Nazaret als der verkündigte Messias und damit als der Vollender der → Heilsgeschichte.

Mose

Mose ist ein ägyptischer Name, der sich auch in einer Reihe von Pharaonennamen wiederfindet und »Sohn des ...« bedeutet. Die Israeliten deuteten den Namen in Anlehnung an seine Kindheitsgeschichte (hebr. *maschah* = ziehen; Mose = der aus dem Wasser Gezogene).
Mose wurde zur Zeit der Unterdrückung des Volkes Israel durch die Ägypter im Stamm Levi geboren, der Legende nach im Nil ausgesetzt und von der Tochter des Pharao erzogen. Beim Versuch, Recht und Gerechtigkeit für seine Stammesbrüder herzustellen, erschlug Mose einen ägyptischen Aufseher und floh nach Midian. Nachdem sich Gott ihm im brennenden Dornbusch offenbart hatte, wurde Mose zum Führer des Volkes Israel beim Auszug aus → Ägypten bzw. bei der Wüstenwanderung. Er empfing auf dem Sinai die Gesetzestafeln mit dem → Dekalog und starb, als er das Gelobte Land gesehen hatte, betrat es aber selbst nicht mehr.
Nach der Vertreibung der Hyksos aus Ägypten (ca. 1540 v. Chr.) durch Pharao Ahmose ist es gut vorstellbar, dass auch die mit ihnen verbündeten Fremdvölker die Abneigung der Ägypter zu spüren bekamen und zu drückenden Fronarbeiten herangezogen wurden. Im 13. Jahrhundert muss wohl der Auszug der Israeliten, auch »Hebräer« genannt, stattgefunden haben. Zeugnisse dieser Vorgänge und Berichte über den Anführer Mose finden sich dabei nur in den Büchern des Alten Testaments. Obwohl in der Überlieferung sicher vieles übertrieben und neu interpre-

Eine der berühmtesten Darstellungen des → Mose stammt von Michelangelo Buonarroti. Die über zwei Meter große Kolossalstatue aus Marmor wurde 1515 gefertigt und steht heute in der Kirche San Pietro in Vincoli, Rom.

tiert wird, darf man sowohl die Person des Mose als auch den Vorgang des → Exodus als historisch wahrscheinlich erachten. Für die alttestamentliche Überlieferung ist aber die Erfahrung Gottes, seine Selbstoffenbarung und der Bundesschluss des Volkes Israel mit Jahwe wichtiger als eine historisch genaue Wiedergabe aller Vorgänge und Ereignisse.

Platon (lat. Plato)
Der griechische Philosoph Platon wurde 427 v. Chr. in Athen geboren und starb dort im Jahre 347 v. Chr. Er stammte aus vornehmer Familie und war ein Schüler des Sokrates. Nach dessen Hinrichtung (399 v. Chr.) ging Platon für kurze Zeit nach Megara zu Euklid, um dann in Athen eine Lehrtätigkeit, verbunden mit der Abfassung der ersten Dialoge im Sinne des Sokrates, zu beginnen. Weitere Reisen führten ihn nach Unteritalien zu den Pythagoreern sowie an den Hof Dionysios' II. in Syrakus. 387 v. Chr. gründete Platon in Athen eine eigene Schule (*akademia*). Neben der Pflege der Wissenschaft im weitesten Sinn ging es ihm auch um eine Reform des politischen Denkens. In dieser Angelegenheit reiste er noch zweimal (367 und 361 v. Chr.) nach Syrakus, allerdings ohne Ergebnis.
Nach Platon kann man Gegenstände durch die sinnliche Wahrnehmung (Sehen, Hören, Fühlen, Schmecken) nur annähernd begreifen. Das Denken dringt dagegen zum eigentlich Seienden vor. Dabei entstehen die begrifflichen Inhalte nicht aus der sinnlichen Erfahrung, sondern werden »wiedererinnert«: Die Seele eines Menschen hat bereits die eigentliche, rein geistige Wirklichkeit der Gegenstände an sich, die »Ideen«, in einem vorweltlichen Sein geschaut. Die Ideen sind die Urbilder, an denen alle konkreten Gegenstände »teilhaben«.

Büste des → Platon. Antike Kopie einer vermutlich zeitnah zu Platons Leben entstandenen griechischen Plastik.

Prophet/Prophetie (griech. *profeteuein* = verkünden, weissagen, für jemanden sprechen)
Unter »Prophetie« wird im Allgemeinen das Phänomen der Weissagung verstanden, »Propheten« sind die Verkünder oder Deuter dieser Botschaften, und »Prophezeiung« nennt man die einzelne Botschaft, die übermittelt wird. Ursprünglich wurden Prophezeiungen nur religiös verstanden, d. h. die verkündete Aussage gilt als wiedergegebene Botschaft von Gott oder einer Gottheit. Meistens sagt die Prophezeiung etwas über die Zukunft (Weissagung) aus und verlangt ein bestimmtes Verhalten der Menschen. Heute wird der Begriff jedoch oft ganz einfach als weltliche Voraussage der Zukunft mittels Hochrechnung aufgrund vorliegender Fakten verwendet.
Einen großen Raum nimmt die Prophetie im Alten Testament ein. Immer wieder treten Männer und Frauen auf, die sich als Boten sehen und dem bisweilen abtrünnigen Volk die Weisungen Gottes bringen. Dafür werden sie jedoch oft angefeindet.
Im AT unterscheidet man die so genannten *Tatpropheten*, deren Wirken von anderen überliefert wird (Nathan, Elija, Elischa), und die *Wortpropheten*, deren Prophezeiungen unter ihrem Namen uns schriftlich hinterlassen sind (Jesaja, Jeremia, Daniel, Ezechiel = *große*

Lexikon A – Z

Propheten; Hosea, Joel, Amos, Obadja, Jona, Micha, Nahum, Habakuk, Zephanja, Haggai, Sacharja, Maleachi = *zwölf kleine Propheten*).
Inwieweit sich Jesus als Prophet im klassischen Sinn verstanden oder selbst bezeichnet hat, ist in der Theologie umstritten. Es fehlt ein Berufungserlebnis, wie wir es von den meisten Propheten kennen, und Jesus lehrt vielfach aus eigener Autorität: »Ich aber sage euch…« (Mt 5,22 u. ö.). Das wesentlich Neue an Jesus ist vor allem, dass er nicht nur Kommendes ansagt und hoffen lehrt, sondern dieses Kommende realisiert durch Worte (v. a. die Gleichnisse) und Taten (Mahlgemeinschaft und Wunder).
Heutzutage nennen wir Menschen mit Visionen auch gerne Propheten. Ähnlich wie zu Zeiten der Bibel warnen und mahnen sie uns, sagen oft unbequeme Wahrheiten und müssen wegen ihrer Botschaft Leid und Gewalt ertragen. Sie setzen sich aber mit ihrem Handeln und Reden immer für das Reich Gottes ein. Ihre Botschaft müssen wir zwar immer kritisch prüfen, doch dann sollte sie ein ständiger Impuls für unser Handeln sein.

Sabbat
Der Sabbat, der siebte und letzte Tag der Woche, ist der Ruhetag der Juden. Sie gedenken dabei der Erschaffung der Welt (Gott ruhte nach Gen 2,2 am siebten Tag) und des → Exodus. Weil nach jüdischem Verständnis ein Tag von einem Sonnenuntergang zu anderen dauert (vgl. Gen 1,5), beginnt der Sabbat am Freitagabend und endet am Samstag. Der Sabbat als wöchentlicher Feiertag ist für Juden »Krone der Schöpfung« und »Vorwegnahme des Paradieses«, eine Zeit also, in der der Mensch wirklich Mensch sein kann. Deshalb ruht an diesem Tag z. B. der öffentliche Verkehr in jüdischen Gemeinden. Der christliche Sonntag nimmt die jüdische Tradition des Sabbats auf, einmal in der Woche den Alltag zu unterbrechen, Ruhe zu suchen und frei von Arbeit Gott und das Leben zu feiern. Darüber hinaus gedenken Christen am Sonntag der Auferstehung Jesu, die nach biblischer Überlieferung in der Nacht nach dem Sabbat geschehen ist. So haben Sabbat und Sonntag die gleichen Wurzeln, werden aber an unterschiedlichen Tagen gefeiert.

Schawuot
→ Tora

Shoa
→ Holocaust /Shoa

Soziallehre, katholische
Die katholische Soziallehre hat sich im 19. Jahrhundert in Abgrenzung von Liberalismus und Sozialismus entwickelt und vertritt die Leitprinzipien der Solidarität (= Einstehen für andere), der Subsidiarität (= Hilfe zur Selbsthilfe, Eigenverantwortung), der Personalität (= Individualität und Würde) und des Gemeinwohls (= personales Wohl vieler Einzelpersonen). Die Grundlage dafür bietet das christliche → Menschenbild, das den Menschen als Einzel- und Gemeinschaftswesen gleichermaßen sieht.
Das päpstliche Lehramt äußert sich zur katholischen Soziallehre in Form von Rundschreiben (→ Enzyklika). Die erste Sozialenzyklika *Rerum novarum* wurde angesichts der sozialen Frage von Papst Leo XIII. 1891 vorgelegt.

Talent
In der Antike wurde der Begriff als Gewichtseinheit und als Recheneinheit auch im Münzwesen verwendet. Im Mittellateinischen (*talentum*) bedeutet er Gabe, Begabung, von Gott anvertrautes Gut. Allgemein wird dadurch die Anlage zu überdurchschnittlichen körperlichen und geistigen Fähigkeiten auf einem bestimmten Gebiet bzw. eine besondere Begabung bezeichnet oder auch derjenige der über eine besondere Begabung verfügt.

Tora
Die »schriftliche Tora« ist zugleich der erste und wichtigste Hauptteil der hebräischen Bibel. Sie umfasst die so genannten fünf Bücher Mose und enthält mit Gottes Offenbarung an die Erzväter und Israel grundlegende Glaubensinhalte. Die Tora hat das Judentum über Jahrtausende zusammengehalten und auch im Alten Testament des Christentums bildet sie den ersten Hauptteil.
Zwei der wichtigsten Texte in der Tora sind die Zehn Gebote (→ Dekalog) und das *Sch^{e}ma Israel* (Dtn. 6,4ff.; jüdische → Gebete). Um die Zehn Gebote gibt es 613 Bestimmungen (Essensvorschriften, Reinheitsgebote, Regelungen zur Beschneidung, zum Sabbat etc.) in der Tora. Trotz dieser Fülle an Verhaltens-

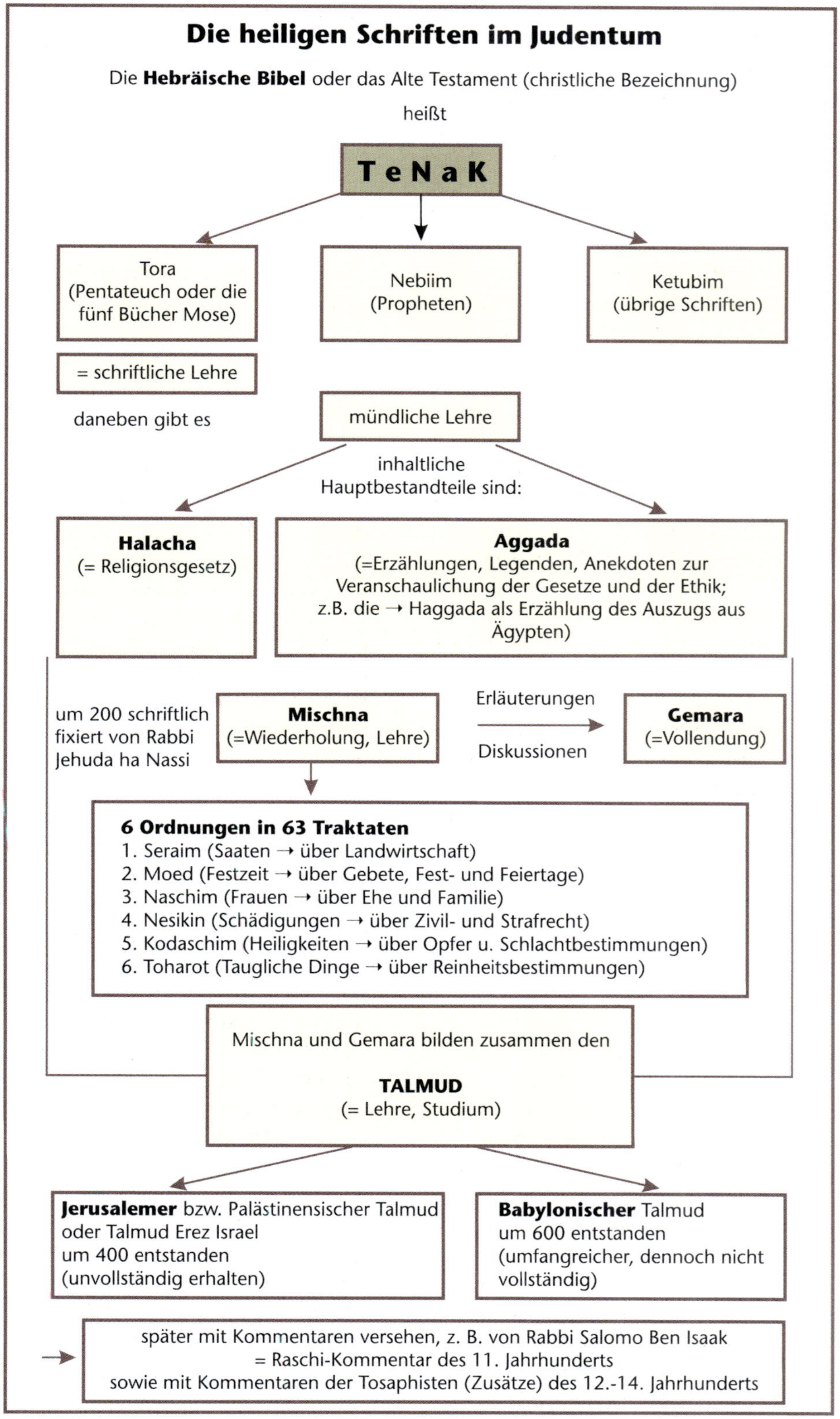

regeln empfinden Juden die Tora nicht als Last, sondern als Geschenk Gottes, weil sie Weisung und klare Orientierung in Bezug auf das Verhältnis zu Gott und zum Mitmenschen bietet. Aus diesem Verständnis heraus feiert man im Judentum auch das Fest der Torafreude (*Simchat Tora*) und das so genannte Wochenfest *Schawuot*, bei dem der Tora gedacht wird.
Neben der schriftlichen Tora entwickelte sich im Judentum eine lange Tradition ihrer mündlichen Deutung, Präzisierung, Abwägung und Ergänzung. Nach jüdischer Tradition gab es von Anfang an neben der »schriftlichen« auch eine »mündliche Tora«, die so genannte *Mischna.* Sie bildet zusammen mit der *Gemara*, die weitere Ergänzungen, Erklärungen und Fallbeispiele enthält, den *Talmud* (= Lehre). Dieser wurde v. a. seit der Zerstörung Jerusalems im Jahr 70 n. Chr. verschriftlicht und für Juden verbindlich tradiert. Inhaltliche Hauptbestandteile des Talmuds sind die *Halacha*, das jüdische Religionsgesetz, das rechtliche, moralische und rituelle Normen des Lebens festlegt sowie die *Aggada*, die in Geschichten, Legenden, Anekdoten und Gleichnissen zur Veranschaulichung der Gesetze und der jüdischen Ethik dient.

Auf Grundlage der → Tora hat sich ein breites jüdisches Schrifttum entwickelt.

Theodor Herzl, der Gründer des politischen → Zionismus, umgeben von stilisierten Szenen landwirtschaftlicher Arbeit (Farblithografie, Wien 1925). Eine romantisch zionistische Ikonografie dieser Art gab es seit Beginn der zionistischen Bewegung.

Zentralrat der Juden

Der Zentralrat der Juden in Deutschland ist eine Körperschaft des öffentlichen Rechts und die Spitzenorganisation der jüdischen Gemeinden in der Bundesrepublik Deutschland mit etwa 100 000 Mitgliedern. Im Jahre 2000 feierte die Organisation ihr 50-jähriges Bestehen. Die Gründung und konstituierende Versammlung fand am 19. Juli 1950 in Frankfurt am Main statt. Die Delegierten kamen aus den bereits existierenden jüdischen Gemeinden der vier Besatzungszonen, die unter US-amerikanischer, britischer, französischer und sowjetischer Verwaltung standen. Zum Zeitpunkt der Gründung lebten noch etwa 15 000 Jüdinnen und Juden in Deutschland. Die Führung des jüdischen Dachverbandes übernahm ein vierköpfiges Direktorium. 15 Gemeindevertreter bildeten den sogenannten Rat. Seit dem 1. April 1999 befindet sich der Hauptsitz des Zentralrats der Juden in Deutschland in Berlin (weitere Informationen unter: www.zentralratdjuden.de).

Zionismus

Der Begriff Zionismus, abgeleitet von »Zion«, dem Jerusalemer Tempelberg, spielt an auf die prophetische Erwartung (etwa 550 v. Chr.) der Heimkehr der im → babylonischen Exil lebenden Juden nach »Zion«, die im Alten Testament zugleich mit der Erwartung des Völker-Friedens verbunden ist (Jes 2,3f.; Mi 4,2f.). Unter dem Begriff »Zionismus« entstand während der zweiten Hälfte des 19. Jahrhunderts in der europäischen → Diaspora eine jüdische Nationalbewegung, die sich für einen eigenen jüdischen Staat einsetzte als Antwort auf die verweigerte Gleichberechtigung der Juden in vielen europäischen Ländern.

Die Wurzeln dieser jüdischen Nationalbewegung reichen aber viel weiter zurück: Schon im 12. Jahrhundert pilgerten fromme Juden Europas zu ihren heiligen Stätten im verlorenen Land *Eretz Israel*, weil sie seit der Zerstörung Judäas 70 n. Chr. durch die Römer den Traum von Freiheit und dem eigenen Land Israel nicht aufgaben. Aber erst Theodor Herzl machte mit seinem Buch »Der Judenstaat« (1896) den Gedanken einer jüdischen nationalen Heimat populär. Realisiert wurde Herzls Vision erst 1948 – wohl auch nach den Erfahrungen der → Shoa – mit der Gründung des Staates Israel, der sich seitdem in ständigem Konflikt mit bestimmten arabischen Kreisen sieht, die in einer Grundhaltung, die als »Antizionismus« bezeichnet wird, sich gegen den Staat Israel wenden. Die Position des Antizionismus kann als Spielart des → Antisemitismus angesehen werden.

Zweites Vatikanisches Konzil

Das Zweite Vatikanische Konzil *(Vaticanum II)*, das von der katholischen Kirche als das 21. Ökumenische Konzil angesehen wird, fand vom 11. Oktober 1962 bis zum 8. Dezember 1965 statt. Es wurde von Papst Johannes XXIII. einberufen, der ausdrücklich darauf hinwies, dass eine Aktualisierung dogmatischer Sätze im Sinne ihrer Orientierung auf das Verständnis des gegenwärtigen Zeitalters möglich und notwendig sei. Nach dem Tod von Papst Johannes XXIII. im Jahr 1963 wurde das Konzil durch Papst Paul VI. fortgesetzt und beendet.
Aggiornamento war das Leitmotiv von Johannes XXIII. zur Einberufung dieses Konzils. Der Papst wollte die Kirche »an den Tag heranführen«, also auf die Fragen der Gegenwart einstellen, die Kirche der Welt öffnen, die Welt der Kirche öffnen. »Kirche ist nicht für sich selber da, sondern sollte das Instrument Gottes sein, um die Menschen auf ihn hin zu versammeln, um den Augenblick vorzubereiten, in dem ›Gott alles in allem‹ sein wird« (Kardinal Ratzinger/Papst Benedikt XVI.).
Ein ganz zentraler Punkt war dabei ein Neubedenken des Kirchenverständnisses; die unbestrittene hierarchische Grundordnung wird mit dem *Communio*-Gedanken ergänzt. »Die Gemeinschaft mit Gott wird vermittelt durch die Gemeinschaft Gottes mit dem Menschen, die Christus in Person ist; die Begegnung mit Christus schafft Gemeinschaft mit ihm selber und so mit dem Vater im Heiligen Geist; sie vereint von daher die Menschen untereinander« (ders.). Daraus resultierte auch eine Neubewertung der Stellung und Aufgaben der Laien.
Die in vier Sitzungsperioden verabschiedeten Dokumente behandeln insbesondere die praktische Umsetzung des Glaubens in verschiedenen Bereichen:

1. Liturgie: Die lateinische Sprache wird zugunsten der jeweiligen Landessprache in der Liturgie zurückgedrängt. Neben der Eucharistiefeier werden weitere Formen des Gottesdienstes (z. B. Wortgottesdienste und Andachten) begrüßt.

2. Verhältnis zu anderen Religionen: Ohne den Anspruch der »einen, heiligen katholischen Kirche« *(Lumen Gentium I,8)* aufzugeben, wird ein brüderlicher Weg zu den anderen christlichen Kirchen und zum Judentum gesucht. Auch die anderen nichtchristlichen Religionen werden in dem Dokument *Nostra Aetate* gewürdigt.

3. Verhältnis des Einzelnen zur Katholischen Kirche: Das Konzil gesteht dem Einzelnen das Recht auf seinen Glauben auch dann zu, wenn dieser dem katholischen Glauben widerspricht: »So bleibt das Recht auf religiöse Freiheit auch denjenigen erhalten, die ihrer Pflicht, die Wahrheit zu suchen und daran festzuhalten, nicht nachkommen« *(Dignitatis Humanae I,2)*.

4. Verhältnis der Kirche zum Staat: Das Konzil gibt den Anspruch der katholischen Kirche auf, dass die Öffentlichkeit und alle staatlichen Gliederungen nach katholischen Grundsätzen handeln müssen.

Kritik rief das Konzil bei der Gruppe der Traditionalisten hervor, denen die Reformen und die Öffnung der Kirche zu weit gingen; so gibt es im Moment immer Bestrebungen und Wünsche, besonders im Bereich der Liturgie, auch altvertraute Formen wieder zuzulassen. Für andere hingegen waren die Konzilsväter zu zurückhaltend; sie sehen im Konzil nur einen ersten Aufbruch und sind der Meinung, dass weitere drängende Fragen (Politisches Engagement der Kirche, Zölibat, Frauenordination etc.) noch von der Gesamtkirche aufgegriffen werden müssen.

Biblische Zitate

Altes Testament

Neues Testament

Stichwortregister

Text- und Bildnachweis

Umschlag: Barbara Burck – Gutsch Verlag, Berlin

4/5 Aurora Golumbovici – Walter Habdank – Haiti-Kinderhilfe – Siegfried Steiger, Günzburg (2) – Nandor Glid, Yad Vashem – Gunther Seibold – KNA-Bild – Peter Wirtz, Dormagen – Doris Herschke (2) – Rolf Wegst, Gießen – Gutsch Verlag, Berlin – Jens Grossmann, Wuppertal

7 Salvador Dalí (1904-1989), Liturgia poenitentiae liber Judith © Salvador Dalí, Fundació Gala-Salvador Dalí/VG Bild-Kunst, Bonn 2012

8 Frances Hamerstrom, Rechte nicht zu ermitteln – Foto: Hervé Champollion/AKG Images

9 Foto: Alfred Vogler, Schwabmünchen – Hildegard Knef © Funkturm Verlag GmbH, Berlin-Lichterfelde, Erstveröffentlichung: LP KNEF, 2/1970 – in: Erich Kästner, Epigramme – Foto: © Elisabeth Schiess

10 T: Marius Müller-Westernhagen © More Music Musikverlag GmbH, Hamburg – Foto: © Aurora Golumbovici – Quelle unbekannt

11 Paul Klee (1879-1940), Der gefundene Ausweg, 1935, 98 (N 18), Aquarell und Kohle auf Papier mit Leimtupfen auf Karton; 31,7 x 47,9 cm, Schenkung LK, Zentrum Paul Klee, Bern

14 Foto: © Erwin Purucker

15 Karte: Stefanie Peters/GEO-Grafik, in: GEO Special Israel 4/2000

16 Aus der »Goldenen Haggada«, um 1320, Spanien

17 Eva Zeller, in: Ein Stein aus Davids Hirtentasche. Gedichte © 1992 Verlag Herder, Freiburg i. B., S. 24 – Spiritual, traditionell – Durchzug durch das Schilfmeer, aus der Sarajevo-Haggada, ca. 1530

18 Foto: Jüdisches Museum Augsburg-Schwaben

19 Zitat Albert Schweitzer, Quelle unbekannt – Keith Haring (1958-1990), aus der Serie »The 10 commandments«, Bordeaux, 1985, 770 x 500 cm, Acryl, Öl auf Leinwand © The Estate of Keith Haring, New York

20 Doris Herschke (geb. 1967), Exodus, 2005, 4,5 x 37 cm, Graphit, Aquarell auf Papier

22 Erich Fried, Gesammelte Werke. Gedichte 1, hg. v. Volker Kaukoreit und Klaus Wagenbach, Verlag Klaus Wagenbach, Berlin 1993, S. 275f. – Jochen Klepper, Unter dem Schatten deiner Flügel. Aus den Tagebüchern der Jahre 1932-1942, hg. v. Hildegard Klepper, [1]1956 , DVA, Stuttgart 1956, S. 67. Eintrag vom 23. Juni 1933 – Walter Habdank, Der Prophet, 1980, Farbholzschnitt © VG Bild-Kunst, Bonn 2012, mit Genehmigung der Galerie Habdank

23 Dorothee Sölle, Quelle unbekannt – Sylvia Grevel (geb. 1964), Magnifikat, 2002, verschiedene Materialien auf Leinwand, 100 x 120 cm

24 Pablo Gargallo (1881-1934), Der Prophet, 1933

25 Edward Hicks (1780-1849), Das Königreich des Friedens (William Penn verhandelt mit den Indianern), 1826, Worcester Art Museum, Worcester, Massachusetts

26 Christliche Initiative El Salvador e. V.

27 in: Materialien für den RU, 13/1995, hg. v. Katholischen Schulkommissariat in Bayern (bearbeitet) – KNA-Bild

28/29 Haiti Kinder Hilfe e. V. – Fotos: Rivka Althaus, Diedorf

30 T/M: Kathi Stimmer-Salzeder © Musik und Wort, Aschau

31 Fotomontage: Siegfried Steiger, Günzburg

32 Oz Almog (geb. 1956), Marc Chagall, Franz Kafka, Helena Rubinstein, Theodor Herzl, Levi Strauss, Heinrich Heine, Karl Marx, Art Garfunkel, Janusz Korczak, Steven Spielberg, Anne Frank, Peter Falk, Edith Stein, Albert Einstein, in: Oz Almog, der auch …?, Oz Almogs bunter Index Judaeorum, 1998-1999, Öl auf Leinwand, 30 x 30 cm © VG Bild-Kunst, Bonn 2012

33 Greifen-Menora, Augsburger Synagoge, Foto: Jüdisches Kulturmuseum Augsburg-Schwaben/Franz Kimmel – Gesellschaft für Christlich-Jüdische Zusammenarbeit Augsburg und Schwaben e. V. – Fotos: Claudia Hofrichter, Ergenzingen – Siegfried Steiger, Günzburg – Quelle unbekannt

34 Giora Feidmann, Foto: © Alexandra Vosding – Foto: Siegfried Steiger, Günzburg

35 Foto: Karin Besserer, Lauda-Königshofen

36 Foto: Siegfried Steiger, Günzburg – Karte: Schana Towa

37 Siegbert Hahn (geb.1937), Über der Landschaft, 1994, Öl auf Leinwand, 100 x 80 cm, Rechte beim Künstler, www.natura-mystica.info, Privatbesitz

38 KJÖ, Katholische Jugend Österreich – Paul Spiegel, Was ist koscher?, Ullstein Verlag, München 2003, S. 198ff.

39 Fotos: Siegfried Steiger, Günzburg

41 Text und Foto: Alexandra Hühn

42 Karte: Andreas M. A. Chowanetz, Starnberg

43 Fritz Behrendt © Baaske Cartoons – © dpa-Grafik

44 Ecclesia und Synagoga am Straßburger Münster, um 1230, Fotos: Siegfried Steiger, Günzburg

45 Die Frankfurter »Judensau«, Kupferstich aus Johann Jacob Schudts »Jüdischen Merckwürdigkeiten«, Frankfurt 1714 – Michael Wolgemut (1434-1519), Verbrennung von Juden als Ketzer, Holzschnitt, koloriert, in: Hartmann Schedel, Liber Chronicarum, Nürnberg 1493, Foto: akg-images

46 Louis Hasselriis, Büste Heinrich Heines auf seinem Grabmal auf dem Pariser Montmartre-Friedhof, Entwurf, 1899, Foto: Heinrich Heine Institut, Düsseldorf

47 Theodor Herzl, in: Der Judenstaat, Wien 1896 – Foto: Siegfried Steiger, Günzburg

48 Schülerarbeit, in: Bernhard Gruber/Hans Mendl, Zivilcourage im Dritten Reich! Und heute?, Auer Verlag, Donauwörth 2000, S. 40

49 aus »Der Stürmer« – Gedenkstätte Yad Vashem – Foto: Siegfried Steiger, Günzburg – Nandor Glid, Mahnmal in Yad Vashem, Jerusalem, und in der Gedenkstätte Dachau © Archiv der Gedenkstätte Dachau

51 Michael Mathias Prechtl (1926-2003), Hermann Kesten im Café, 1978/79 – Zitat Pinchas Lapide: Quelle unbekannt – Schalom Ben Chorin, in: Bruder Jesus. Der Nazarener in jüdischer Sicht, Paul List Verlag, München 1967, S. 12

52 Foto: © picture alliance/dpa – Aus der Erklärung der Kirche über das Verhältnis zu den nichtchristlichen Religionen »Nostra Aetate 4« des II. Vatikanischen Konzils (1962 -1965) – Aus dem Wort der deutschen Bischöfe aus Anlass des 50. Jahrestages zur Befreiung des Vernichtungslagers Auschwitz am 27. Januar 1995

53 Aus der Erklärung der deutschen Bischöfe aus Anlass des 60. Jahrestages der Befreiung des Vernichtungslagers Auschwitz am 27. Januar 2005 – Aus dem Schuldbekenntnis des Pontifikalgottesdienstes von Papst Johannes Paul II. am 12. März 2000 in St. Peter in Rom

54 Itzchak Belfer, Korczak und die Kinder, 2003, Foto: Siegfried Steiger, Günzburg – Rose Ausländer, in: 36 Gerechte. Gedichte, Hoffmann und Campe Verlag, Hamburg 1975

55 Foto: Alfred Vogler, Schwabmünchen

56 Ossi Schmitt, in: Ver-rückt. Little Tipps für happy days, Butzon & Bercker, Kevelaer 1971 – Fotos: Gunther Seibold, Hemmingen – missio, München – Kösel-Archiv – Wilhelm von Tyrus, Geschichte der Kreuzzüge, Frankreich, ca. 12. Jh., Bibliotèque Nationale, Paris, M. Francais 2630 fol.22v – Detail »Brot und Rosen« aus dem MISEREOR-Hungertuch 2004 »Brot und Rosen – Unser tägliches Brot gib uns. Heute« von Monika Wieczorek und Tania Lescano © MVG Medienproduktion, 2004 – Barmherzige Brüder, München – DER SPIEGEL/Foto: Alfred Vogler, Schwabmünchen

57 Erzabtei St. Ottilien – Kloubert Designkonzept, Aachen – Hans Heer, Würzburg – Kindermissionswerk »Die Sternsinger« – Foto: S. Leutenegger © Ateliers et Presses de Taizé, 71250 Taizé, France – Innenraum der Wieskirche, W. Kienberger, Lechbruck

58 Fotos: Günter Seibold, Hemmingen – Papst Pius IX. (1846-1878), Gemälde im Palazzo Carignano, Turin – Kösel-Archiv – Papst Johannes XXIII., Quelle unbekannt – KNA-Bild (2)

59 Open Doors; www.opendoors-de.org

60 Mahnmal für die Geschwister Scholl und die Weiße Rose vor der Ludwig-Maximilians-Universität München, Foto: Gryffindor – Logo der Christuskirche, Ulm – Papstwappen Benedikt XVI.

62 Foto: Quelle unbekannt

63 Bayerisches Hauptstaatsarchiv, München; BayHStA, Plakatsammlung 11414

64 Adolf Hitler, 1934, Foto: akg-images

65 Christus, nicht Hitler, Zeugnis und Widerstand von Katholiken in der Diözese Augsburg, EOS Verlag, 1984, Beiheft – Foto: © SV Bilderdienst – Foto: A. Kitzelmann, Gestratz

66 In: »Mit brennender Sorge« Enzyklika vom 14. März 1937 – Foto: Quelle unbekannt

67 Foto: Quelle unbekannt – Eine Schulklasse geistig behinderter Kinder um 1940 in Ursberg, Archiv St. Josefskongregation Ursberg

68 Karte: Maria Ackmann, Hagen – Macram Max Gassis, Vom Westen verraten und verkauft, in: www.kath.net, Interview: Thomas Kötter (bearbeitet) – Quelle unbekannt

69 Paolo Borghi (geb. 1942), Entwurf für das Grab von Oscar Romero, 2004, Auftrag der Diözese Terni Narni Amelia, Italien

70 in: Das heilige Messopfer. Ein Beitrag zur Wiedervereinigung im Glauben, Familienverlag Würzburg 1953 – Foto: Alfred Vogler, Schwabmünchen – Peter Wirtz, Dormagen

71 Foto: Quelle unbekannt

72 Lumen gentium, Konstitution über die Kirche des Zweiten Vatikanischen Konzils, 21.November 1964, Kapitel IV, Abschnitt 32 – In: Gaudium et spes, Pastoralkonstitution über die Kirche in der Welt von heute, Zweites Vatikanisches Konzil, 7. Dezember 1965, Kapitel II, Abschnitt 27 – Sacrosanctum concilium, Konstitution über die Heilige Liturgie, Zweites Vatikanisches Konzil, 4. Dezember.1963, Abschnitte 1, 37, 50, 54, 55

73 In: Communio et progressio, Pastoralinstruktion über die Instrumente der sozialen Kommunikation, Päpstliche Kommission, 21. Mai 1971 – Cartoon: Reinhild Kassing, Kassel

74 Redemptor Hominis, Antrittsenzyklika von Papst Johannes Paul II., 1979, Abschnitt 14 – Foto: Quelle unbekannt

75 © KNA-Bild – Dilecti amici, Apostolisches Schreiben, Papst Johannes Paul II. an die Jugendlichen in der Welt zum Internationalen Jahr der Jugend, 31. März 1985 – Papst Johannes Paul II. zum Weltfriedenstag 1. Januar 2002

76 James Ensor (1860-1949), Christus stillt den Sturm, 1891, Öl auf Leinwand, 80 x 100 cm, Inv. 1975/711, Museum der schönen Künste, Ostende, Foto: akg-images © VG Bild-Kunst, Bonn 2012 – T/M: Martin Gotthard Schneider, Neue Geistliche Lieder © Gustav Bosse Verlag, Kassel

77 Doris Herschke (geb. 1967), David und Batseba, 2002, 60 x 53 cm, Acryl und Wachs auf Holz

78 Foto: Axel Herschke, Friedberg

79 Foto: Axel Herschke, Friedberg

80 Isabel Hartmann, in: SZ vom 23.Oktober 2003

81 Christoph Schwennicke, in: SZ vom 26./27. Juni 2004

83 © Bayerisches Staatsministerium für Unterricht und Kultus/Bayerisches Staatsministerium für Umwelt, Gesundheit und Verbraucherschutz

84 T: Stephen Trask © EMI Music Publishing Germany GmbH & Co. KG, Hamburg – Doris Herschke (geb. 1967), Origin of Love I: Children of the Moon, 2005/06, 55 x 45 cm, Acryl und Wachs auf Holz – Doris Herschke (geb. 1967), Origin of Love II: The Wrath of the Gods, 2005, 60 x 45 cm, Acryl auf Holz

85 Doris Herschke (geb. 1967), Origin of Love III: Some are Lucky, 2005, 50 x 40 cm, Acryl und Wachs auf Holz

87 Doris Herschke (geb. 1967), Ausschnitt aus »Menschenbilder« (Triptychon), 2004, 15 x 15 cm, Acryl auf Leinwand

88 Benedikt XVI., Schreiben anlässlich der Eröffnung der Pastoraltagung der Diözese Rom zum Thema Familie, 6. Juni 2005

89 Doris Herschke (geb. 1967), Geborgen, 2006, 54 x 47 cm, Acryl und Wachs auf Holz

90 Foto: Quelle unbekannt

91 Cartoon: Christian/www.aktenix.de

92 Cathrin Schauer, Kinder auf dem Strich. Bericht von der deutsch-tschechischen Grenze, hg. v. unicef, Horlemann Verlag, Bad Honnef 2003 – Unicef; www.unicef.de – SOLWODI; www.solwodi.de – Foto: Kösel-Archiv

93 Doris Herschke (geb. 1967), König besiegt Dame (Schachnovelle), 2001, 20 x 20 cm, Acryl und Wachs auf Holz (Detail)

94 Foto: Axel Herschke, Friedberg – AIDS-Hilfe Schweiz; www.aids.ch – SZ vom 27./28. November 2004 – SZ vom 3. Dezember 2004
95 Aktionsbündnis gegen AIDS, Tübingen, November 2004; www.aidskampagne.de – Gerhard Mester © Baaske Cartoons
96 Peter Neysters, Quelle unbekannt – Papst Johannes Paul II. am 15. November 1980 in Köln – Lothar Zenetti, in: Auf seiner Spur, Matthias Grünewald Verlag im Schwaben Verlag, Ostfildern [4]2006 – nach Paul Reding, Rechte beim Autor
97 Deutsche Bischofskonferenz, Bonn – Doris Herschke (geb. 1967), Sich selbst herein kommen sehen, 1991, 200 x 80 cm, Acryl auf Leinwand
98 Doris Herschke (geb. 1967), Der Tanz, 2005, 37 x 29 cm, Acryl auf Holz
100 Doris Herschke (geb. 1967), Der Weg, 1993, 130 x 110 cm, Acryl auf Leinwand – Christa Peikert-Flaspöhler, in: Heut singe ich ein anderes Lied, Rex-Verlag, Luzern/Stuttgart 1992
101 René Magritte (1898-1967), La réponse imprevué (Die unerwartete Antwort), 1933, Öl auf Leinwand, 81 x 54 cm, Musées royaux des Beaux Arts de Belgique, Brüssel © VG Bild-Kunst, Bonn 2012
102 Joachim Cruse, in: Ent-decke dich. Bilder, die das Leben malt, Verl-Kaunitz 2002, S. 49
103 Franz Kafka, Das Urteil, S. Fischer Verlag, Frankfurt am Main, S. 81 – Foto: Marianne Mayer, Balzhausen
104 Herbert Heckmann, in: Die Freude des Essens, Carl Hanser Verlag, München 1979 – Zitate Bernard Shaw, Hesse: Quelle unbekannt
105 in: Antoine de Saint-Exupéry, Wind, Sand und Sterne, Karl Rauch Verlag, Düsseldorf 1945 – Jan Tomaschoff © Baaske Cartoons – Erich Fromm, Haben oder Sein, Deutsche Verlagsanstalt, Stuttgart 1976
106 Bundesagentur für Arbeit, Nürnberg – Fotos: David Ausserhofer, Berlin – Marianne Mayer, Balzhausen (2)
108 Friedrich Torberg, Der Schüler Gerber, Zsolnay Verlag, Wien 1954, S. 276
109 Grafiken: Schülerarbeiten
110 Foto: Marianne Mayer, Balzhausen
111 Caravaggio (Michelangelo Merisi da Caravaggio, 1573-1619), Berufung des hl. Matthäus, 1598-1601, Öl auf Leinwand, 322 x 340 cm, S. Luigi dei Francesi, Rom – John Henry Newmann (1801-1890)
112 in: Peter Weiss, Abschied von den Eltern © Suhrkamp Verlag, Frankfurt/M. 1974 – Rolf Wegst, Gießen – Foto: © Ford-Werke
113 Foto: © Ludwig Schirmer/OSTKREUZ
114 Jürgen Stelling, in: Ihr aber tragt das Risiko. Reportagen aus der Arbeitswelt, Werkkreis Literatur der Arbeitswelt, Textdienst, Oer-Erkenschwick – Cartoon: Gerhard Glück
115 Karte: Gutsch Verlag, Berlin – nach Calderon – Martin Buber, Quelle unbekannt
116 Bayerische Verfassung, Art. 116, 1-3 – Laborem exercens, über den Sinn menschlicher Arbeit, 1981 – Dokumentation zur Erfassung von »Models of good practice« im Auftrag der WHO in Zusammenarbeit mit dem Bundesverband der Betriebskrankenkassen
117 Charlie Chaplin in »Moderne Zeiten« (Modern Times), USA 1936, Regie und Buch: Charles Chaplin, Foto: akg-images
118 Antoine de Saint-Exupéry, Der Kleine Prinz, Karl Rauch Verlag , Düsseldorf 1998, S. 18 – SZ vom 9. Oktober 2004 – Cartoon: Ivan Steiger sieht die Bibel – Klemens Nodewald, in: Applaus für den Zitronenfalter, Verlag Herder, Freiburg i. B. 1996, S. 159
119 Keith Haring (1958-1990), aus der Serie »The 10 commandments«, Bordeaux, 1985, 770 x 500 cm, Acryl, Öl auf Leinwand, Sammlung Estate of Keith Haring, New York
120 Gladiatorenkampf, ca. 200 n. Chr., Fußbodenmosaik einer römischen Villa in Augusta Raurica, heute Kaiseraugst (Schweiz) © Augusta Raurica – Jörg Zink, Rechte beim Autor – Foto: Jens Grossmann, Köln
122 Christa Peikert-Flaspöhler, in: Stellenangebot, Lahn Verlag, Limburg 1982 – Barbara Burck (geb. 1950), Offene Türen, 2004, Öl auf Leinwand, 100 x 70 cm, Rechte bei der Künstlerin
123 Hieronymus Bosch (ca. 1450-1516), Die Kreuztragung, 1490, Öl auf Holztafel, 76,5 x 83,5 cm, Musée des Beaux-Arts, Gent/Belgien
124 Augustinus, Mosaik in der Kapelle Sancta Sanctorum in der Bibliothek von Papst Gregor d. Gr. im Lateran, 6. Jh – Der babylonische Sonnengott Schamasch, Relief, ca. 9. J. v. Chr., Babylon
125 Gian Lorenzo Bernini (1598-1680), David, (1623/24), Skulptur, weißer Marmor, 170 cm, Galleria Borghese, Rom – Harfe spielender David, Hebräische Miszellen-Handschrift, ca. 1380/90
127 Euthanasiedenkmal in der Gedenkstätte Irsee
129 Foto: www.altrofoto.de – © Itzchak Belfer – Shmul un Shmerke, Übersetzt von Charles Nydorf und Elinor Robinson, Verlag M. Naumann, Nidderau 2000 (Titelabbildung) – Foto: Quelle unbekannt
133 Domenico Ghirlandaio (1449-1494), Altarbild, 1491 – Michelangelo Buonarotti (1475-1564), Mose, San Pietro, Vincoli
138 Quelle unbekannt